Ulrich Chiwitt

Kapitalismus – eine Liebeserklärung

Ulrich Chiwitt

Kapitalismus – eine Liebeserklärung

Warum die Marktwirtschaft uns allen nützt

WILEY-VCH

WILEY-VCH Verlag GmbH & Co. KGaA

1. Auflage 2010

Bibliografische Information der Deutschen Nationalbibliothek
Die Deutsche Nationalbibliothek verzeichnet diese Publikation in der Deutschen Nationalbibliografie; detaillierte bibliografische Daten sind im Internet über http://dnb.d-nb.de abrufbar.

Printed in the Federal Republic of Germany.
Gedruckt auf säurefreiem Papier.

Satz DTP-Studio Michael Bechtold, Mörlenbach
Druck und Bindung CPI – Ebner & Spiegel, Ulm
Umschlaggestaltung Christian Kalkert, Birken-Honigsessen

ISBN: 978-3-527-50551-7

Dank an Udo Gans,
Puppi und Los

Inhalt

Kapitalismus – eine Liebeserklärung. Ulrich Chiwitt

ISBN: 978-3-527-50551-7

Vorwort

Das vorliegende Buch hat ein hehres Anliegen. Es will Misstrauen und Antipathien abbauen, Vorurteile und Missverständnisse ausräumen, Unwahrheiten und Ungerechtigkeiten korrigieren, Unwissenheit und Ignoranz verringern. Kurz gesagt, es will zwei alte Feinde miteinander versöhnen, die eigentlich gar keine Feinde sind: die Deutschen und den Kapitalismus.

Dabei enthält das Buch keine wirklich neuen Erkenntnisse, also nichts, was nicht kluge Köpfe bereits erdacht hätten. Es fasst vielmehr deren Gedanken, Ideen und Erfahrungen zum Thema Kapitalismus zusammen und erklärt und erläutert sie.

Ebenso wenig handelt es sich um ein wissenschaftliches Werk, bestenfalls um ein populärwissenschaftliches. Es will dem interessierten, in Sachen Wirtschaft aber nicht besonders bewanderten Leser auf verständliche Art und Weise den Funktionsmechanismus, den Sinn und Zweck, vor allem aber die gewaltigen Vorzüge unseres Wirtschaftssystems näherbringen, weswegen es naturgemäß gewisse Einseitigkeiten enthält.

Zu diesem Zweck greift das Buch die allgemeine Kritik am Kapitalismus auf und setzt sich mit ihr detailliert auseinander. In 37 kurzen Kapiteln werden die gängigsten Ansichten, Behauptungen, Vorurteile und Missverständnisse zum Kapitalismus zunächst genannt, kurz erläutert und anschließend widerlegt. Den Abschluss eines jeden Kapitals bildet dann die jeweils richtigstellende Gegenthese.

Kapitalismus – eine Liebeserklärung. Ulrich Chiwitt

ISBN: 978-3-527-50551-7

Hierbei sind zwei Dinge zu beachten. Zum einen sollten wir den Kapitalismus immer an der Wirklichkeit und den konkreten Menschen messen und nicht an irgendwelchen unrealistischen Idealvorstellungen. Das heißt, wir müssen uns bei jeder Kritik, die wir am Kapitalismus üben, stets die Frage stellen, welche realistischen und seriösen Alternativen zur Verfügung stehen. Ansonsten ist jede Kritik nicht nur naiv, sondern ihrerseits kritisierbar.

Zum anderen macht das Buch gelegentlich idealtypische Aussagen, das heißt, es beschreibt Möglichkeiten und Vorzüge, die der Kapitalismus grundsätzlich bietet, die aber in der Realität noch nicht alle verwirklicht sind. Es geht also nicht darum, die bestehenden kapitalistischen Gesellschaften zu idealisieren oder den Kapitalismus als Allheilmittel für alle Übel dieser Welt zu verherrlichen. Ebenso wenig sollen die Probleme und Fehlentwicklungen, die der Kapitalismus ohne Zweifel immer wieder hervorbringt, ignoriert oder verharmlost werden.

Es geht allein darum, der ständigen Kritik an unserem Wirtschaftssystem endlich einmal dessen Stärken und Vorzüge entgegenzustellen und deutlich zu machen, was wir ihm verdanken und was wir auch in Zukunft mit seiner Hilfe erreichen können: eine stetige Verbesserung der Lebensbedingungen aller Menschen.

Einleitung

Finanzkrise, Marktversagen, Managergehälter, Gerechtigkeitsdebatte. Der Kapitalismus hat es schwer, besonders in Deutschland. Die meisten Menschen mögen ihn nicht, obwohl er ihnen seit über 60 Jahren einen Lebensstandard beschert, um den sie der Rest der Welt beneidet. Die meisten Intellektuellen verachten ihn, obwohl er sie ernährt und fördert wie kein anderes System. Und viele Politiker, die ihr eigenes Süppchen kochen, verunglimpfen ihn und machen ihn für Dinge verantwortlich, für die er gar nicht verantwortlich ist.

Stimmen, die sich zu seiner Verteidigung erheben, sind selten. Verständlicherweise, denn wer angesichts der aktuellen Stimmungslage auf die Vorzüge des Kapitalismus hinweist, gerät schnell in den Verdacht, eigene Interessen zu vertreten oder kalt und unsensibel für die Probleme und Ängste der Menschen zu sein. Selbst Politiker, die mit den Vorteilen und Verdiensten unseres Wirtschaftssystems vertraut sind, tun sich offensichtlich schwer, diese den Menschen näher zu bringen und deutlich zu machen, wie viel sie ihm verdanken.

Spiegelbild dieser Situation sind die politischen Talkshows. Jeder, der nicht umgehend in die allgemeine Kapitalismusschelte einstimmt, sieht sich schnell mit dem Rücken zur Wand. So kann man sich schon mit dem Hinweis, dass die große Mehrheit der Manager ihren Job gut und verantwortungsvoll macht, den Vorwurf einhandeln, man wolle die Probleme verharmlosen. Ebenso kann die Mahnung, wegen einzelner Missstände oder Fehlentwicklungen nicht gleich das

Kapitalismus – eine Liebeserklärung. Ulrich Chiwitt

ISBN: 978-3-527-50551-7

ganze System in Frage zu stellen, dem Betreffenden Angriffe eintragen, als sei er persönlich für die Situation verantwortlich.

Nicht differenzierte Betrachtung ist angesagt, sondern klare Ansagen. Nicht das Fehlverhalten einzelner Manager steht zur Debatte, sondern gleich der ganze Berufsstand. Nicht der Finanzmarkt muss besser überwacht, sondern alle Banken verstaatlicht werden. Nicht falsche oder fehlende Regeln in einzelnen Bereichen der Wirtschaft sind schuld an der Krise, sondern der Kapitalismus an sich. Das klingt gut, ist eingängig, und es deckt sich mit unseren lieb gewordenen Vorurteilen. Dummerweise ist die Wirklichkeit nicht ganz so simpel und das Wirtschaftsleben erst recht nicht.

Erschwert wird die Sache des Kapitalismus durch die unvermeidliche Anwesenheit von Politikern. Deren Job besteht bekanntlich nicht darin, den Kapitalismus zu verteidigen, sondern Wähler zu gewinnen. Ihr Beitrag beschränkt sich daher in der Regel darauf, ihre Empörung über die gerade aktuelle Krise zum Ausdruck zu bringen und klarzumachen, dass ihre Partei so etwas in Zukunft verhindern werde. Wenn es ihnen dabei noch gelingt, den Gummibegriff »Soziale Gerechtigkeit« einfließen zu lassen, ist ihnen der Beifall des Publikums sicher.

Endgültig auf verlorenem Posten steht ein Verteidiger des Kapitalismus, wenn persönlich Betroffene anwesend sind. Im Beisein einer soeben arbeitslos gewordenen, allein erziehenden Mutter mit Migrationshintergrund zu erklären, dass der Kapitalismus grundsätzlich eine gute, soziale und menschliche Wirtschaftsordnung ist, grenzt an öffentlichen Selbstmord. Die Bemerkung, dass Arbeitslosigkeit zum Kapitalismus dazu gehört und durch andere Vorteile mehr als wettgemacht wird, gilt als Gipfel an Zynismus und löst einen alten Reflex aus: Ein System, das so etwas zulässt, kann nur kalt und unmenschlich sein.

Der Kapitalismus hat also ein Imageproblem. Diesem Manko soll Abhilfe geschaffen werden. Die folgende Auseinandersetzung will die Menschen in Deutschland endlich mit ihrem ungeliebten Wirtschaftssystem versöhnen und ihnen deutlich machen, was sie an ihm haben. Das Ziel ist es, aufzuzeigen, dass gerade dem kleinen Mann nichts Besseres passieren kann als der Kapitalismus.

1
Was ist Kapitalismus?

Kaum ein anderer Begriff weist ein derartiges Missverhältnis zwischen Meinung und Wissen auf wie der des Kapitalismus. Eine Meinung vom Kapitalismus hat fast jeder, vorzugsweise eine kritische, das Wissen hingegen, was Kapitalismus eigentlich ist und worum genau es dabei geht, ist erschreckend gering. Verallgemeinerungen, Missverständnisse und Vorurteile bestimmen die öffentliche Diskussion.

Wir wollen daher zunächst klären, was sich hinter dem Begriff Kapitalismus eigentlich verbirgt. Dabei werden wir nicht nur erfahren, was Kapitalismus ist, sondern auch, wie und nach welchen Regeln er funktioniert. Vor allem aber werden wir sehen, worin sein Sinn und Zweck besteht und wem er in erster Linie zugutekommt. Dabei wird deutlich werden, dass der Kapitalismus, entgegen der allgemeinen Vorstellung, ein hohes Maß an sozialer und moralischer Qualität besitzt.

Kapitalismus – eine Liebeserklärung. Ulrich Chiwitt

ISBN: 978-3-527-50551-7

Was ist Kapitalismus?

I

Unser Gesellschaftssystem? Kapitalismus natürlich!

Viele, auch gebildete Menschen, nennen auf die Frage nach unserem Gesellschaftssystem spontan den Kapitalismus. Auch wenn dieser für unser Leben und unsere Gesellschaft zweifellos wichtig ist, unser Gesellschaftssystem ist er definitiv nicht. Unser Gesellschaftssystem ist immer noch die gute alte Demokratie. Was aber ist der Unterschied?

Ganz einfach: Demokratie ist ein politischer, Kapitalismus ein wirtschaftlicher Begriff. Und da Politik und Wirtschaft zwar eine Menge miteinander zu tun haben, aber eben nicht dasselbe sind, sollten wir uns hüten, die beiden zu verwechseln.

In der Politik geht es im Grunde um eine Frage: Wie soll die Gesellschaft aussehen, in der wir leben? Wer soll die politische Macht ausüben, also Gesetze erlassen und durchsetzen? Soll diese Macht bei einigen wenigen liegen oder möglichst breit verteilt sein? Wer soll die Macht verleihen, einige oder alle Bürger? Welche Rechte und Pflichten soll der Einzelne haben, welche der Staat? Sollen die Gerichte der jeweiligen Regierung unterstellt sein oder unabhängig davon urteilen? Soll jeder das sagen können, was er will, oder soll es Grenzen der Meinungsfreiheit geben?

Das sind Fragen, die bei der Gestaltung einer Gesellschaft eine wichtige Rolle spielen, und je nachdem, wie die Antworten ausfallen, sprechen wir von einer Demokratie oder eben nicht. Allerdings sind nicht alle Demokratien völlig gleich. Jedes Land setzt unterschiedliche Schwerpunkte und hat daher seine Demokratie ein wenig anders entwickelt.

So wählen manche Länder, zum Beispiel Deutschland, ihre Regierung mithilfe des sogenannten Verhältniswahlrechts, bei dem die Parteien genau so viele Sitze im Parlament erhalten, wie sie in Prozenten bei der Wahl gewonnen haben. Andere, zum Beispiel Frankreich, England oder die USA wenden dagegen das sogenannte Mehrheitswahlrecht an, das nur direkt vom Volk gewählte Abgeordnete ins Parlament schickt.

Die Folge ist, dass beim Verhältniswahlrecht auch die kleineren Parteien im Parlament vertreten sind, beim Mehrheitswahlrecht hingegen nur die großen. Die Folge ist aber auch, dass beim Verhältniswahlrecht über die Parteienliste Funktionärstypen in den Bundestag gelangen, die niemand kennt und die noch nie einen Wahlkreis gewonnen haben, während das Parlament beim Mehrheitswahlrecht aus, wie es Gabor Steingart formuliert, lauter kleinen Siegern besteht.

Auch bei der Frage, wie die Macht im Staat zu verteilen ist, beziehungsweise wie viel Macht der Regierung zugesprochen werden soll, haben die verschiedenen Demokratien unterschiedliche Lösungen entwickelt. Manche, wie die meisten europäischen Länder, sind zentralistisch organisiert, räumen also der nationalen Regierung ein hohes Maß an Macht und Kompetenz ein. Andere verteilen die Macht lieber auf möglichst viele Stellen und organisieren sich föderalistisch, indem sie Bundesstaaten mit jeweils einzelnen Regierungen bilden.

Dass man bei der Begrenzung der Macht des Guten auch zu viel tun kann, zeigt Deutschland. Nach dem Krieg von den Alliierten nach dem Motto organisiert »Keine Macht für niemanden«, sind notwendige politische Veränderungen nur schwer möglich, da sie von den Regierungen der Bundesländer unter Umständen verhindert werden können.

Ein weiterer Unterschied innerhalb der verschiedenen Demokratien ist schließlich Gegenstand dieses Buches und wird uns noch eingehend beschäftigen, die Frage nämlich, wie weit der Staat ins Wirtschaftsleben eingreift oder sogar selber mitmischt.

Wann haben wir es dann also mit einer Demokratie zu tun? Dafür gibt es ein paar wichtige Anhaltspunkte: Freie Wahlen, Mehrheitsprinzip, Menschen- und Bürgerrechte, Gewaltenteilung, unabhängige Gerichte, Meinungsvielfalt und Pressefreiheit. Finden wir dies in einer Gesellschaft, so sprechen wir im Allgemeinen von Demokratie, aber nicht von Kapitalismus.

Was aber ist Kapitalismus? Wir haben bei unseren bisherigen Überlegungen über die Gesellschaft etwas Wichtiges ausgeklammert: Wie halten wir es in unserem politischen System mit der Wirtschaft? Wie sorgen wir dafür, dass die Menschen die zum Leben notwendigen Dinge erhalten? Eine wichtige Frage, denn es gibt unterschiedliche Möglichkeiten, um das zu erreichen. Eine von ihnen ist der Kapitalismus.

Das Wort Kapitalismus leitet sich von dem lateinischen »caput« ab, was so viel heißt wie Kopf oder Haupt. Die »summa capitalis« war bei den Römern die Aufstellung der gesamten Ein- und Ausgaben eines Haushaltes. In demselben Sinne bezeichnete später das italienische Wort »capitale« das Vermögen einer Person, gemessen an der Kopfzahl des Viehbestandes.

Ganz allgemein bezeichnet man mit Kapitalismus eine bestimmte Wirtschaftsform, die sich etwa im 16. Jahrhundert, also mit Beginn der Neuzeit, entwickelte. War das Wirtschaftsleben bis dahin vor allem durch den Einzelnen geprägt, nämlich durch Handwerker und Händler, so entstanden jetzt nach und nach größere wirtschaftliche Unternehmungen, die die Möglichkeiten eines Einzelnen überstiegen. Für die Durchführung einer großen Handelsreise, den Aufbau einer Textilmanufaktur oder die Ausbeutung eines Bergwerks brauchte man Kapital, mehr als der Einzelne für gewöhnlich aufbringen konnte. Man schloss sich also mit anderen zusammen oder lieh sich das Geld bei Kapitalgebern, die dafür einen Zins oder eine Beteiligung am Gewinn erwarteten.

Kapitalismus bedeutete also zunächst, dass Kaufleute Kapital ansammelten, um damit größere wirtschaftliche Projekte zu verwirklichen. Diese »Unternehmer« waren die ersten »Kapitalisten«, auch wenn sie noch nicht so genannt wurden. Kapitalismus ist also historisch wie inhaltlich ein wirtschaftlicher

Begriff, kein politischer. Er bringt lediglich eine bestimmte, kapitalintensive Art des Wirtschaftens zum Ausdruck. Warum also halten ihn dennoch viele für unsere Gesellschaftsordnung, also für ein politisches System?

Verantwortlich hierfür ist Karl Marx. Er war es, der aus dem wirtschaftlichen Fachausdruck einen politischen Begriff machte, indem er das vorherrschende gesellschaftliche System seiner Zeit nicht mehr als das bezeichnete, was es eigentlich war, nämlich eine Monarchie, sondern als Kapitalismus. Warum?

Im 19. Jahrhundert, in dem Marx lebte, fanden dramatische Veränderungen statt, verursacht vor allem durch die Industrialisierung. Durch sie boomte zwar die Wirtschaft, die Früchte des Erfolgs waren aber sehr ungleich verteilt. Den wenigen Fabrikbesitzern, die oft riesige Vermögen anhäuften, stand ein Millionenheer von rechtlosen und im Elend lebenden Arbeitern gegenüber. Sozialpolitik, wie etwa ein besserer Schutz der Arbeiter oder eine Umverteilung des Reichtums, gab es noch nicht, und die Regierungen machten zunächst auch keinerlei Anstalten, dies zu ändern.

Diese Situation veranlasste Marx zu der Ansicht, dass die politische Macht nicht mehr bei den Regierungen, also den Fürsten oder Politikern lag, sondern auf die Unternehmer, die »Kapitalisten«, übergegangen war. Der Begriff Kapitalismus sollte zum Ausdruck bringen, dass die Wirtschaft, genauer gesagt das Kapital, die eigentliche Macht im Staate hatte.

Da Marx außerdem der Ansicht war, dass das politische System Kapitalismus wegen seiner Ungerechtigkeiten über kurz oder lang zusammenbrechen werde, stellte er ihm ein anderes politisches System entgegen, den Kommunismus. Dies führte dazu, dass der Kapitalismus im Laufe der Zeit mehr und mehr als ein politisches System wahrgenommen wurde, obwohl er das niemals war und bis heute nicht ist.

Dieses Missverständnis wird jedoch seitdem mit großer Begeisterung gepflegt. Viele Probleme und Fehlentwicklungen werden, besonders in Deutschland, gerne dem Kapitalismus angelastet, obwohl nicht er, sondern die Politik dafür verantwortlich ist. Kein Wunder also, wenn ihn viele für ein politisches System halten, und ein schlechtes dazu.

Ein weiterer Grund für die Verwechslung ist die schlichte Tatsache, dass alle demokratischen Länder dieser Erde kapitalistisch sind. Dort, wo Demokratie herrscht, finden wir auch Kapitalismus, und zwar ausnahmslos. Die Gefahr, das eine mit dem anderen zu verwechseln, liegt also nahe.

Leider gilt der Satz »Wenn Demokratie, dann Kapitalismus« nicht auch umgekehrt, jedenfalls nicht zwingend. Kapitalistische Länder sind also nicht notwendigerweise auch demokratisch. Es scheint allerdings, wie wir noch sehen werden, dass Diktaturen, die eine kapitalistische Wirtschaft zulassen, sich nach und nach demokratisieren.

Wenn also der Kapitalismus nicht unsere Gesellschaftsform ist, was ist er dann? Die Antwort ist ziemlich einfach. Kapitalismus ist *eine* Methode, die Menschen mit all dem zu versorgen, was sie zum Leben brauchen und was ihnen das Leben angenehm macht. Lebensmittel, Bekleidung, Wohnungen, Autos, Computer, Bücher oder Medikamente fallen bekanntlich nicht vom Himmel, sondern müssen hergestellt und verteilt werden. Handwerker, Facharbeiter, Krankenschwestern, Computerfachleute oder Rechtsanwälte werden nicht als solche geboren, sondern müssen ausgebildet werden. Und natürlich sind auch Werkzeuge, Maschinen, Fabriken, Büroräume, Kaufhäuser und Ladenlokale nicht einfach da, sondern müssen gebaut und eingerichtet werden.

All das kann man grundsätzlich auf zwei Arten tun. Entweder der Staat kümmert sich um alles, man spricht dann von zentraler Planwirtschaft, oder die Bürger tun es selbst, in Eigenregie und auf eigene Verantwortung. Genau das geschieht im Kapitalismus. Das Eigentum an den Gütern, ihre Herstellung und ihre Verteilung liegen in den Händen von Privatpersonen. Was produziert wird, wie, wo und in welchen Mengen dies geschieht, entscheiden die Bürger, nicht der Staat.

Genauso ist es beim Konsum, also beim Verbrauch der Güter. Auch hier hält sich der Staat grundsätzlich heraus. Freiwillige Tauschhandlungen bestimmen das Geschehen, das heißt, jeder Einzelne entscheidet selbst, welche Produkte er kaufen oder welche Dienstleistungen er in Anspruch nehmen will und welche nicht. Umgekehrt gilt dasselbe. Jeder Anbieter bestimmt selbst, ob und an wen er etwas verkauft.

Dieselbe Freiheit gilt auch für die Berufswahl. Es liegt beim Einzelnen, womit er seinen Lebensunterhalt bestreiten will. Ob als Lehrer im Staatsdienst, als Angestellter eines Unternehmens, als freier Künstler oder als Chef einer eigenen Firma. Jeder hat, zumindest grundsätzlich, die freie Wahl. Er kann sich sogar dafür entscheiden, gar nichts zu tun. Die staatliche Sozialhilfe sorgt dafür, dass er zumindest das Lebensnotwendige erhält.

Der Staat räumt seinen Bürgern in wirtschaftlichen Dingen somit ein hohes Maß an Freiheit ein. Jeder kann, natürlich solange es im gesetzlichen Rahmen bleibt, tun und lassen, was er oder sie will. Diese Freiheit hat allerdings, wie die meisten Dinge, zwei Seiten. Sie bietet zwar ungeheure Möglichkeiten, sein Leben nach den eigenen Vorstellungen zu gestalten, sie erfordert aber auch Eigenverantwortung. Denn Freiheit bedeutet eben auch, dass jeder, zumindest jeder Erwachsene, für sich selbst verantwortlich ist. Die Fürsorgepflicht für den Einzelnen liegt bei ihm selbst, nicht bei der Gesellschaft. Erst wenn der Einzelne dazu nicht in der Lage ist, übernimmt der Staat diese Aufgabe.

Hierbei fällt eines auf: Der Staat scheint in einer kapitalistischen Wirtschaft keine besondere Rolle zu spielen. Alle wichtigen Funktionen liegen offensichtlich bei den Menschen selbst. Adam Smith, von dem wir später noch einiges hören werden, sprach daher auch vom sogenannten »Nachtwächterstaat«. Allerdings sollten wir uns nicht täuschen lassen. Aus dem Wirtschaftsleben selbst, also den einzelnen Handlungen, hält sich der Staat zwar weitgehend heraus, das bedeutet aber nicht, dass er keine Rolle spielt. Im Gegenteil, ohne den Staat läuft gar nichts. Denn damit die Menschen ihrer Arbeit und ihren Geschäften in Ruhe nachgehen können, muss der Staat etwas tun, was nur er tun kann: Er muss Rechtssicherheit schaffen.

Rechtssicherheit bedeutet in diesem Fall, dass die Menschen sich auf zwei Dinge verlassen können. Erstens, dass der Staat ihnen ihr Eigentum zusichert und sie damit tun und lassen können, was sie wollen. Zweitens, dass er für die Einhaltung der Gesetze sorgt und ihnen im Streitfall zu ihrem Recht verhilft. Solange das nicht der Fall ist, werden sich die Menschen mit wirtschaftlichen Aktivitäten zurückhalten.

Eine erste kleine Checkliste des Kapitalismus sieht also wie folgt aus:

Merkmale des Kapitalismus

- Organisation der Wirtschaft durch einen freien Markt mit Angebot und Nachfrage
- Freiwillige Tauschhandlungen der Marktteilnehmer
- Privateigentum an Gütern und Produktionsmitteln
- Rechtssicherheit durch den Staat

Damit ist eines klar: Wirtschaftliche Freiheit im Kapitalismus bedeutet weder einen gesetzlosen Zustand, in dem jeder machen kann, was er will, noch einen schwachen Staat, dem die Wirtschaft auf der Nase herumtanzt. Das Gegenteil ist der Fall. Ohne klare und eindeutige Regeln und ohne einen starken Staat, der diese Regeln auch durchsetzt, funktioniert Wirtschaft nicht. Noch schlimmer, sie entsteht gar nicht erst.

Der Kapitalismus ist unser Wirtschaftssystem

II

Marktwirtschaft meinetwegen, aber kein Kapitalismus

Eine solche Aussage kann, vor allem in Deutschland, jederzeit mit einer breiten Zustimmung rechnen. Sie bringt zum Ausdruck, dass Marktwirtschaft als etwas halbwegs Akzeptables angesehen wird, Kapitalismus hingegen nicht. Dies ist insofern überraschend, als es, außer in den Köpfen der Menschen, gar keinen Unterschied zwischen beiden gibt, jedenfalls keinen inhaltlichen. Beide Begriffe bedeuten dasselbe. Beide sind, auch wenn der eine vielleicht sympathischer klingt, Bezeichnungen für unser Wirtschaftssystem. Warum also eine derart unterschiedliche Beurteilung?

Einen Grund kennen wir bereits. Nach der Kritik von Karl Marx hatte das Wort »Kapitalismus« keinen guten Klang mehr, verband man es doch automatisch mit den katastrophalen sozialen Verhältnissen während der Industrialisierung. Daran konnte auch die Tatsache nichts ändern, dass sich durch sozialpolitische Maßnahmen die Lebens- und Arbeitsbedingungen der Menschen immer weiter verbesserten. Als dann im Jahre 1929 die kapitalistische Wirtschaft auch noch in eine weltweite Krise mit Firmenzusammenbrüchen und Massenarbeitslosigkeit geriet, war der Begriff endgültig erledigt. Der Kapitalismus, so schien es, brachte nur Not und Elend.

Die Regierungen wussten es Gott sei Dank besser. Sie erkannten, welch ungeheure Chancen in dem System steckten, wenn man es richtig einsetzte, und wollten es daher auf jeden Fall erhalten. Also beschränkte man sich darauf, lediglich einen neuen Namen für das gebrannte Kind zu suchen. Und der war ebenso schnell gefunden wie naheliegend: Marktwirtschaft. Die Wirtschaft sollte nicht durch staatliche Lenkung, sondern über den Markt, also den freien Austausch von Gütern und Dienstleistungen erfolgen.

Ein interessantes Phänomen verdient in diesem Zusammenhang Erwähnung. Obwohl sich am System nichts geändert und es lediglich einen neuen Namen erhalten hatte, begannen einige Wissenschaftler, Unterschiede zwischen den Begriffen Kapitalismus und Marktwirtschaft herauszuarbeiten. Kapitalismus, so ihr Ergebnis, beziehe sich vor allem auf die Eigentumsverhältnisse an den sogenannten Produktionsmitteln, also auf die Frage, in wessen Hand sich das Kapital befindet, in privater oder staatlicher. Der Begriff Marktwirtschaft bezeichne dagegen eine Wirtschaftsform, in der die Bedürfnisbefriedigung der Menschen eben nicht zentral, sondern über den Marktmechanismus gesteuert wird.

Die Unterscheidung wirft eine interessante Frage auf: Kann es Marktwirtschaft ohne Kapitalismus oder Kapitalismus ohne Marktwirtschaft geben? Kann eine Wirtschaft, in der die Unternehmen nicht den Unternehmern gehören, sondern dem Staat, über einen freien Markt organisiert sein? Ist es umgekehrt möglich, dass die Produktionsmittel zwar den Privaten gehören, die Wirtschaft selbst aber zentral durch den Staat gelenkt wird?

Beides ist möglich, die Frage also nicht so theoretisch, wie es scheint. In der Regel treten Marktwirtschaft und Kapitalismus zwar gemeinsam auf, dennoch gab es einige seltene Ausnahmen. Ein Beispiel für eine Marktwirtschaft ohne Kapitalismus ist das frühere Jugoslawien, wo die Betriebe zwar in Staatsbesitz waren, in vielen Bereichen aber ein freier Handel zugelassen war. Das heutige China ist dagegen kein Beispiel, denn neben einem relativ freien Markt gestattet die Regierung auch zunehmend Privateigentum an den Unternehmen.

Im Übrigen spricht einiges dagegen, dass Marktwirtschaft ohne Privateigentum dauerhaft funktionieren würde. Ohne die Sicherheit, über das Erarbeitete auch frei verfügen zu können, dürften sich Einsatz und Risikobereitschaft der Menschen sehr in Grenzen halten und ihre wirtschaftlichen Aktivitäten daher auf ein Minimum beschränkt bleiben.

Auch für den Fall eines Kapitalismus ohne Marktwirtschaft hat die Geschichte ein Beispiel parat. Im nationalsozialistischen Deutschland waren die Betriebe und Unternehmen zwar in Privatbesitz, ihnen wurde aber vorgeschrieben, wie und was sie zu produzieren hatten, sodass von einem freien Markt keine Rede sein konnte.

Zurück zum Imageproblem des Kapitalismus. Der neue Name jedenfalls brachte mehr Glück. Größere Krisen konnten seither verhindert werden, soziale Missstände wurden nach und nach beseitigt, und im Laufe der Zeit stellte sich in den kapitalistischen Ländern ein Wohlstand ein, wie ihn die Welt bis dahin noch nicht gesehen hatte. Und was das Beste war, der Wohlstand betraf nicht mehr nur einige wenige, sondern alle. Die Marktwirtschaft war der Star – und das Missverständnis in der Welt: gute Marktwirtschaft – böser Kapitalismus.

Ein anderer Grund für die unterschiedliche Wahrnehmung der beiden Begriffe ist die Tatsache, dass Kapitalismus nicht gleich Kapitalismus ist. Es gibt große Unterschiede innerhalb der kapitalistischen Länder. Diese hängen vor allem davon ab, inwieweit der Staat seiner Nachtwächterrolle gerecht wird und sich aus der Wirtschaft heraushält. Denn, auch wenn es eigentlich nicht so gedacht ist, de facto mischt der Staat auch im Wirtschaftsleben mit, und zwar kräftig. Zum Beispiel als Anbieter von Dienstleistungen wie etwa bei der Bahn oder der Post. Oder durch Subventionen wie in der Landwirtschaft oder im Bergbau. Er kann aber auch Beschränkungen oder Verbote auferlegen wie etwa in der Rüstungsindustrie oder der Gentechnologie.

Mit solchen Maßnahmen greift der Staat direkt oder indirekt ins Wirtschaftsleben selbst ein. Er kann aber noch auf andere Weise aktiv werden, zum Beispiel bei der Fürsorge für seine Bürger. Der Staat kann nämlich, obwohl es vom System eigentlich nicht vorgesehen ist, einen Teil dieser Fürsorge übernehmen. So kann er, wenn der Einzelne wegen Alter, Krankheit oder Arbeitslosigkeit nicht mehr selbst für sich sorgen kann, einspringen und durch Rente, Kranken- oder Arbeitslosengeld sicherstellen, dass der Betreffende nicht in Not gerät.

Außerdem kann der Staat, und das tut er in Deutschland besonders gerne, den Arbeitgebern, also den Unternehmen, einen Teil dieser Aufgabe übertragen. Diese haben sich dann durch Zahlungen an der Fürsorge für den Einzelnen zu beteiligen. Dies ist, um es noch einmal deutlich zu sagen, keineswegs selbstverständlich, denn das Konzept Marktwirtschaft sieht eigentlich vor, dass der Einzelne hierfür selbst verantwortlich ist und der Staat nur im Notfall eingreift.

Genau hier aber scheiden sich die Geister. Was ist ein Notfall? Ab wann kann jemand nicht mehr selbst für sich sorgen? Was kann man dem Einzelnen grundsätzlich zumuten und was nicht? Hier liegen die Unterschiede innerhalb der kapitalistischen Länder begründet, denn natürlich herrschen unterschiedliche Ansichten über diese Frage, und entsprechend unterschiedlich gestalten die einzelnen Länder ihre Sozialsysteme. Manche beschränken ihre Fürsorge auf wirklich existenzielle Notlagen, andere hingegen nehmen den Menschen große Teile ihrer Fürsorgepflicht ab.

Zurück zur Erfolgsgeschichte der Marktwirtschaft. Diese ging nämlich noch weiter, jedenfalls in Deutschland. Während die übrigen kapitalistischen Länder ihren Bürgern ein relativ hohes Maß an Eigenverantwortung zuwiesen und die sozialen Leistungen entsprechend sparsam verteilten, ging Deutschland weiter. Man schuf, immerhin konnte man es sich leisten, ein Sozialsystem, das es in dieser Form nirgendwo in der Welt gab. Es entstand das Lieblingskind der Deutschen, die soziale Marktwirtschaft.

Soziale Marktwirtschaft

Der Begriff »Soziale Marktwirtschaft« bezeichnet jene spezielle Form der Marktwirtschaft, die sich nach dem Zweiten Weltkrieg in Deutschland entwickelt hat. Da sowohl die damalige Hauptstadt Bonn als auch die wichtigsten Wirtschaftszentren am Rhein lagen, wird sie auch als »Rheinischer Kapitalismus« bezeichnet. Beide Begriffe stehen für wirtschaftlichen Erfolg, breit gestreuten Wohlstand, soziale Sicherheit und gesellschaftlichen Ausgleich, aber auch für staatliche Eingriffe und Lenkung des Wirtschaftsprozesses, für Absprachen und Wettbewerbsbeschränkungen, Subventionen und Protektionismus, Umverteilung und ausufernde Sozialleistungen.

Der Begriff ist heute mit zahlreichen Missverständnissen verbunden, die sich vor allem aus dem Adjektiv »sozial« ergeben. Viele Wirtschaftswissenschaftler halten dieses Wort wegen seiner Unbestimmtheit und beliebigen Verwendbarkeit für völlig inhaltsleer und damit sinnlos. Tatsächlich wurde bei der Einführung der Marktwirtschaft in Deutschland das Wort »sozial« nur aus kosmetischen Gründen hinzugefügt, um der skeptischen Bevölkerung das neue und wenig beliebte Wirtschaftssystem schmackhaft zu machen. Es versprach, die Freiheit und Unsicherheit der Marktwirtschaft durch Sicherheit und Gerechtigkeit im gesellschaftlichen Leben auszugleichen.

Tatsache ist, dass die Väter unserer sozialen Marktwirtschaft die Marktwirtschaft an sich für sozial genug hielten und zwar allein aufgrund ihrer Fähigkeit, breiten Wohlstand zu schaffen. Der Sozialstaat, der sich seither unter dem Namen »Soziale Marktwirtschaft« entwickelt hat, ist ganz sicher nicht das, was sich die Begründer dieses Systems vorgestellt hatten.

Wie man sich denken kann, ist eine solche Form der Marktwirtschaft für den Einzelnen überaus angenehm. So angenehm, dass man sich glatt daran gewöhnen kann. Und genau das taten die Deutschen. Sie lebten sich in ihr Wirtschaftssystem so sehr ein, dass sie es bald für das einzige hielten, jedenfalls das einzig richtige. Und spätestens jetzt waren die Rollen endgültig verteilt: Hier die gute soziale Marktwirtschaft, in der der Mensch im Mittelpunkt steht, dort der kalte, unmenschliche Kapitalismus, für den nur der Profit zählt.

Und dennoch! So sehr wir uns auch an dieses Bild gewöhnt haben und so sehr das Missverständnis auch von vielen weiterhin gepflegt wird, Marktwirtschaft und Kapitalismus sind ein und dasselbe. Es gibt, wie wir gesehen haben, lediglich unterschiedliche Formen des Kapitalismus, und eine von ihnen ist unsere soziale Marktwirtschaft.

Marktwirtschaft und Kapitalismus sind dasselbe

III

Im Kapitalismus wird der Egoismus belohnt

Im Jahre 1776 erschienen zwei Werke, von denen man kaum sagen kann, welches die größere Bedeutung erlangt hat: Die amerikanische Unabhängigkeitserklärung und »Der Wohlstand der Nationen« von Adam Smith. Das eine beschrieb, wie eine neue Gesellschaft aussehen, das andere, wie man sie verwirklichen könnte. Das eine begründete die USA, das andere den modernen Kapitalismus.

Adam Smith, Ethikprofessor an der Universität Glasgow, hatte allerdings weder die USA noch den Kapitalismus im Sinn. Ihn beschäftigte etwas ganz anderes. Erschüttert über die ungeheure Armut in seiner schottischen Heimat, hatte er sich der Frage zugewandt: Wie lässt sich das Los der Armen grundsätzlich verbessern? Als er während einer Bildungsreise durch Europa feststellte, dass die allgemeine Armut dort weitaus geringer war und in einigen Ländern sogar ein gewisser Wohlstand herrschte, brachte ihn dies auf eine Idee. Wenn man die Gründe für den unterschiedlichen Wohlstand herausfände, so würde man auch wissen, wie sich die Armut bekämpfen ließe.

Smith begann – schließlich war er Philosoph – ganz von vorne. Er stellte sich die Frage: Warum handeln die Menschen so, wie sie handeln? Was sind die grundlegenden Triebkräfte und Motive menschlichen Verhaltens?

Das war nicht besonders neu, denn fast alle Philosophen hatten sich mit dieser Frage schon irgendwann beschäftigt. Neu war, dass Smith bei seinen Überlegungen von einem ganz anderen Menschenbild ausging, als es bis dahin üblich gewesen war. Er ließ nämlich alle idealistischen Vorstellungen vom guten und edlen Menschen einfach beiseite und betrachtete ihn ganz nüchtern und realistisch, so wie er war, nicht wie er sein sollte. Smith ging lediglich von zwei Dingen aus. Erstens: Der Mensch handelt nach seiner Natur. Zweitens: Er lebt nicht im Paradies, sondern in einer Welt der Knappheit, in der nicht alles sofort und überall zu haben ist. Was, so seine Frage, bestimmt das menschliche Verhalten angesichts dieser Situation?

Die Antwort, die Smith gab, war ebenso ernüchternd wie einleuchtend. Es ist das natürliche Streben des Menschen, seine Situation zu verbessern, und zwar seine materielle, seine geistige und seine soziale. Mit anderen Worten: Wir Menschen sind bestrebt, unsere Existenz zu sichern, unsere Annehmlichkeiten zu vermehren und Anerkennung in der Gesellschaft zu erlangen. Dieses Streben war für Smith Ursprung und treibende Kraft allen menschlichen Handelns. Er nannte es »Eigeninteresse« und meinte damit das angeborene und natürliche Interesse des Menschen an sich selbst. Mehr nicht.

Er meinte damit, um es gleich vorwegzunehmen, nicht Egoismus, auch wenn viele es gerne damit verwechseln. Eigeninteresse und Egoismus sind aber nicht dasselbe, was sehr leicht daran zu erkennen ist, dass es in unserem Eigeninteresse liegen kann, altruistisch zu sein. Mutter Theresa und andere Wohltäter handeln aus Eigeninteresse. Sie tun etwas, was ihnen persönlich wertvoll und wichtig ist, aus welchen Gründen auch immer.

Eigeninteresse

Das Eigeninteresse ist nichts Negatives, sondern eine mehr oder weniger neutrale Kraft, die sich in unterschiedlicher Art und Weise äußert. Sie begleitet uns ein Leben lang. Wir können sie zwar für eine kurze Zeit unterdrücken, aber nicht dauerhaft beseitigen. Das Eigeninteresse ist ganz offensichtlich auch nichts Eingebildetes, denn es wird jederzeit und überall durch die Erfahrung bestätigt. Außerdem zeigt es sich keineswegs nur im Wirtschaftsleben. In Politik, Wissenschaft, Kunst, Sport, im Sozialen und sogar im Religiösen ist das Eigeninteresse die treibende Kraft jeder menschlichen Entfaltung.

Es überrascht nicht, dass Adam Smith mit dieser realistischen Betrachtung der menschlichen Natur nicht gerade Begeisterungsstürme entfachte, versuchten doch die Philosophen seit jeher die eigennützigen Motive des Menschen zurückzudrängen und die altruistischen zu fördern. Was also sollte eine solche Betonung des Eigeninteresses?

Die Entrüstung hielt jedoch nicht lange an. Es stellten sich nämlich zwei Dinge heraus. Zum einen gab es für Adam Smith natürlich noch etwas anderes, was unser Handeln bestimmt, nämlich das Mitgefühl, also unsere Fähigkeit, uns in andere Menschen hineinzuversetzen und Anteil an ihrem Schicksal zu nehmen. Vor allem aber wurde sehr schnell klar, dass Smith eine geniale Entdeckung gemacht hatte. Er hatte herausgefunden, dass das Eigeninteresse gar nicht so schlecht war wie sein Ruf. Es ließ sich nämlich wunderbar für einen ausgesprochen guten Zweck einspannen.

Kehren wir noch einmal zum Ausgang zurück. Smith wollte herausfinden, warum es den Menschen in manchen Gegenden besser ging als in anderen, um auf diese Weise ein Mittel gegen die Armut zu finden. Es zeigte sich nun, dass es einen Zusammenhang zwischen Eigeninteresse und Wohlstand gab. Smith hatte entdeckt, dass der allgemeine Wohlstand eines Landes offensichtlich damit zusammenhing, wie viel Freiheit dem Einzelnen bei der Verfolgung seines Eigeninteresses eingeräumt wurde. Konkret: Je mehr es den Menschen gestattet war, ihren persönlichen Interessen und Neigungen nachzugehen, desto besser ging es ihnen. Je weniger ihnen vom Staat vorgeschrieben wurde, wie sie ihren Lebensunterhalt zu bestreiten hatten, desto größer wurde der allgemeine Wohlstand.

Das klang ziemlich verrückt. Wie sollte das funktionieren? Wie sollte, wenn jeder nur seinem Eigeninteresse folgte, also nur das tat, was ihm persönlich nutzte, zugleich das Wohl aller gefördert werden? Das widersprach doch jeder Logik.

Tat es nicht, und genau das war das Geniale. Richtig eingesetzt konnte das Eigeninteresse des Einzelnen tatsächlich dem Wohl der ganzen Gesellschaft dienen. Wie? Mithilfe der »Unsichtbaren Hand«.

Um den geheimnisvollen Mechanismus der »Unsichtbaren Hand« zu durchschauen, müssen wir einen kurzen Blick ins konkrete Wirtschaftsleben werfen. Was genau geschieht eigentlich, wenn Menschen sich wirtschaftlich betätigen? Ihr Eigeninteresse, also das Bedürfnis, die Existenz zu sichern und Wohlstand und Anerkennung zu erlangen, veranlasst sie, ihren Mitmenschen etwas anzubieten, nämlich Arbeitskraft, Güter oder Ideen. Sie begeben sich – im wahrsten Sinne des Wortes – auf den Markt und hoffen, dass sich für das, was sie anbieten, Interessenten finden. Oder, wie es die Ökonomen formulieren, dass ihrem Angebot eine Nachfrage entspricht.

Je besser nun das, was sie anbieten, den Mitmenschen gefällt, desto höher ihre Belohnung. Je wichtiger den Menschen ein Gut oder eine Leistung ist, desto höher der Betrag, den sie dafür zu zahlen bereit sind. Und desto höher das Einkommen desjenigen, der es anbietet. Das gilt übrigens nicht nur für Selbstständige, sondern auch für Arbeitnehmer. Wer etwas kann, das für Arbeitgeber wichtig ist, erhält dafür eine höhere Entlohnung als andere. Umgekehrt gilt dies allerdings auch. Wer etwas anbietet, was niemanden interessiert, wird es schwer haben, damit seinen Lebensunterhalt zu bestreiten.

Der Markt hat also ein ganz besonderes Belohnungssystem. Wer seinen Mitmenschen etwas anbietet, das ihnen wichtig ist oder gefällt, erzielt ein höheres Einkommen als andere. Daraus folgt: Man verfolgt sein Eigeninteresse offensichtlich dann sehr erfolgreich, wenn man anderen dazu verhilft, ihre Bedürfnisse und Wünsche zu befriedigen. Denn wer in dieser Weise das

Wohl seiner Mitmenschen fördert, wird dafür mit einem hohen Einkommen belohnt.

Machen wir uns diesen Zusammenhang noch einmal klar. Ein Unternehmer, der mit seinen Produkten andere Menschen gesund macht, ihnen das Leben erleichtert oder Freude bereitet, leistet einen wichtigen Beitrag zum gesellschaftlichen Wohl. Er trägt, wenn auch völlig unbeabsichtigt, dazu bei, dass es den Menschen besser geht. Und für diese Leistung wird er entsprechend belohnt. Er wird aber auch, wenn es ihm nicht gelingt, hart bestraft, unter Umständen sogar mit einem Konkurs.

Übertragen wir dies nun auf die ganze Gesellschaft. Was geschieht, wenn derjenige, der andere mit begehrten Produkten und Dienstleistungen versorgt, mit einem hohen Einkommen belohnt wird? Die Antwort liegt auf der Hand. Viele Menschen werden dasselbe tun. Sie werden ebenfalls versuchen, etwas anzubieten, was andere Menschen brauchen oder gerne hätten, denn im Erfolgsfall winkt auch ihnen eine hohe Belohnung.

Natürlich klappt das nicht immer. Viele Ideen und Produkte sind so schlecht oder nutzlos, dass sie niemand haben will. Das macht aber nichts. Im Gegenteil. Gerade die unzähligen Bemühungen vieler Menschen, die berühmte Marktlücke zu finden, führen in der Summe zu einem fantastischen Ergebnis. Es entsteht ein riesiges Angebot an Produkten und Leistungen und damit eine Fülle an Möglichkeiten, seine Bedürfnisse und Wünsche zu befriedigen, und seien sie noch so ausgefallen. Und das gilt für jeden, also auch für die Armen. Auch für ihre Bedürfnisse entsteht ein Markt. Auch ihnen werden Produkte und Leistungen angeboten, die sie sich leisten können.

Die »Unsichtbare Hand«

Mit dem Bild der »Unsichtbaren Hand« will Adam Smith zum Ausdruck bringen, dass der Marktmechanismus die vielen eigennützigen Einzelhandlungen der Menschen automatisch so zum Nutzen des Ganzen zusammenführt, als seien sie von einer unsichtbaren Hand gesteuert. Auf diese Weise dient jeder Einzelne, indem er seine Interessen verfolgt, einem Zweck, den er eigentlich gar nicht beabsichtigt, dem Gemeinwohl.

Damit die »Unsichtbare Hand« ihre wunderbare Wirkung auch entfalten kann, fehlt noch etwas Wichtiges. Stellen wir uns Folgendes vor. In einer belebten Straße eröffnet eines Tages eine Bäckerei. Da sie mit ihrem Angebot den Geschmack der Kunden trifft, strömen diese vom ersten Tag an in das Geschäft und bescheren seinem Inhaber ein schönes Einkommen. Ganz offensichtlich hat hier jemand eine Marktlücke entdeckt. Was wird nun geschehen? Spätestens nach einem halben Jahr werden ganz in der Nähe eine zweite und wahrscheinlich auch eine dritte Bäckerei aufmachen, um an diesem offensichtlich lukrativen Geschäft teilzuhaben. Für die erste Bäckerei ist das ärgerlich, und wahrscheinlich wird ihr Inhaber die beiden anderen verfluchen. Insgesamt aber konnte gar nichts Besseres passieren, denn mit den beiden neuen Bäckereien ist das entstanden, ohne das die ganze Sache nicht funktionieren würde: Wettbewerb.

Warum ist Wettbewerb so wichtig? Sehen wir uns einmal an, wie die Geschichte weitergeht. Der Umstand, dass sich nun nicht mehr eine, sondern drei Bäckereien um die Gunst der Kunden bemühen, hat interessante Konsequenzen. Die erste Bäckerei wird möglicherweise neue Produkte hinzunehmen und so ihr Angebot erweitern. Die zweite wird den Kunden vielleicht frisch geschmierte und nach Wunsch belegte Brötchen anbieten. Die dritte wird schließlich den in der Straße arbeitenden Büroangestellten den Service anbieten, ihnen zu Mittag etwas ins Büro zu liefern. Mit anderen Worten: Die Bäckereien lassen sich etwas einfallen, um die Kunden für sich zu gewinnen. Und das ist gut. Nicht für die Bäckereien, aber für die Kunden. Sie sind nicht mehr nur von einem Bäcker abhängig, sondern können unter vielen unterschiedlichen Angeboten dasjenige auswählen, was ihnen am besten gefällt.

Vorteile des Wettbewerbs

- keine Wucherpreise
- ein großes Angebot an unterschiedlichen Produkten
- die Freiheit, zwischen Alternativen auswählen zu können
- Fortschritt und Wachstum

Der Wettbewerb hat also ausgesprochen angenehme Folgen. Zum einen kann es sich kein Anbieter erlauben, überhöhte Preise zu verlangen, denn die Kunden würden sofort zur Konkurrenz wechseln. Zum anderen führt das Bemühen der Anbieter um die Kunden dazu, dass diese aus einem riesigen Angebot von immer neuen, besseren oder preiswerteren Produkten auswählen können.

Das ist das ganze Geheimnis. Eigeninteresse und Wettbewerb lenken die unzähligen eigennützigen Einzelhandlungen automatisch zum Nutzen und zur Wohlfahrt aller. Wieso? Weil der Einzelne am besten weiß, was gut für ihn ist und was nicht. Weil die Menschen durch den ständigen Austausch von Gütern, Ideen und Informationen die Bedürfnisse und Wünsche ihrer Mitmenschen besser kennen als es jede staatliche Behörde jemals könnte. Indem also jeder seinen Interessen nachgeht, nützt er dem Ganzen am besten, denn er sorgt dafür, dass alle Mitglieder der Gesellschaft ihre Bedürfnisse und Wünsche bestmöglich befriedigen können. Der Satz »Wenn jeder an sich denkt, ist an alle gedacht« bringt diesen Zusammenhang amüsant, aber treffend zum Ausdruck.

Der Kapitalismus setzt das Eigeninteresse des Einzelnen zum Wohle aller ein

IV

Der Kapitalismus ist ein wilder und regelloser Kampf – jeder gegen jeden

Preiskrieg, Übernahmeschlacht, Kundenfront. Begriffe aus dem Wirtschaftsleben, die in der Tat an Kampf und Krieg erinnern, in dem ja bekanntlich alles erlaubt ist. Dass es in der Wirtschaft um viel geht und daher oft mit harten Bandagen gekämpft wird, steht außer Frage. Aber handelt es sich dabei wirklich um einen blinden, ungeregelten Überlebenskampf? Wir werden erkennen, dass das Gegenteil der Fall ist.

Sehen wir uns hierfür die Funktionsweise des Kapitalismus ein wenig genauer an. Nach welcher inneren Logik läuft das Marktgeschehen ab? Welche Strukturen liegen ihm zugrunde? Welchem Zweck dient das Ganze? Kurz gesagt: Wie funktioniert eigentlich Kapitalismus?

Unternehmen wir zu diesem Zweck einen kleinen Abstecher in die Welt des Fußballs. An einem Fußballspiel sind vor allem drei Gruppen beteiligt: die Mannschaften, die auf dem Platz um den Sieg kämpfen, die Zuschauer, die durch das Spiel unterhalten werden wollen, und der Schiedsrichter, der für die Einhaltung der Regeln sorgt.

Genau so ist es im Kapitalismus. Die Mannschaften sind die Produzenten, die Unternehmen, die ihre Produkte am Markt anbieten. Die Zuschauer sind die Konsumenten, die Verbraucher, die diese Produkte kaufen. Und der Schiedsrichter, der die Regeln durchsetzen und Verstöße bestrafen muss, ist der Staat, genauer gesagt, die Justiz und das Kartellamt.

Bevor aber überhaupt ein Fußballspiel stattfinden kann, muss eines geklärt sein: die Spielregeln. Es muss festgelegt werden, was das Ziel des Spiels ist, wer mitspielen darf, was erlaubt ist und was nicht, und wie Regelverstöße geahndet werden, zum Beispiel durch Freistoß, Elfmeter, gelbe oder rote Karten. Ohne Spielregeln kein Spiel, denn die Spieler wüssten gar nicht, was sie tun sollten.

Im Kapitalismus ist es nicht anders. Auch hier gibt es Spielregeln, nämlich unsere Verfassung und die Gesetze. Sie legen fest, was im Wirtschaftsleben erlaubt ist und was nicht, und wie Regelverstöße geahndet werden. Ohne Regeln läuft auch das Spiel Marktwirtschaft nicht.

Mit dem Anpfiff beginnt das Spiel, und die Mannschaften versuchen, im Rahmen der Regeln, den Gegner zu besiegen. Die Fußballspieler tun das durch kluge Spielzüge, durch neue Varianten, durch Taktik oder Kampf. Die Produzenten tun es vor allem durch gute und preiswerte Produkte, aber auch durch Werbung oder besondere Imagepflege. Je besser ihnen das gelingt, desto größer der Erfolg. Die Spieler werden mehr Spiele gewinnen und vielleicht die Meisterschaft erringen, die Hersteller werden mehr Produkte verkaufen und eventuell zum Marktführer aufsteigen. Für beide bedeutet es auf jeden Fall mehr Einkommen, mehr Prestige, mehr Befriedigung.

Betrachten wir die Regeln noch ein wenig genauer, denn von ihnen hängt wirklich eine Menge ab. Natürlich wird die Qualität eines Spiels von der Klasse und den Fähigkeiten der Spieler bestimmt. Genauso wichtig aber sind die Regeln. Ihre Aufgabe ist es nämlich nicht nur, den Spielern zu sagen, was sie tun oder lassen sollen. Ihr eigentlicher Zweck besteht darin, ein Spiel so zu gestalten, dass es für alle Beteiligten, vor allem aber für die Zuschauer interessant ist. Ungeschickt gesetzte Regeln verhindern ein schönes Spiel, selbst dann, wenn die Spieler Weltklasse sind. Es genügt also nicht, irgendwelche Regeln aufzustellen, sie müssen auch so konstruiert sein, dass ein interessantes Spiel entsteht.

Aus diesem Grund werden Regeln auch gelegentlich geändert, nämlich dann, wenn sie ihren Zweck nicht mehr erfüllen. Im Tennis beispielsweise verlangsamte man vor einigen Jahren die Bodenbeläge, da zu viele Asse geschlagen und die Spiele immer einseitiger wurden. Aus demselben Grund diskutiert man in regelmäßigen Abständen darüber, die Tore beim Fußball zu vergrößern, um die Spiele durch mehr Treffer interessanter zu machen. Es ist das feine und exakte Austarieren der Regeln, das darüber entscheidet, ob ein Spiel unterhaltsam ist oder nicht.

Das Gleiche gilt für die Wirtschaft. Die Regeln machen das Spiel. Natürlich hängt auch hier viel von den Fähigkeiten der Produzenten ab, was sie aber daraus machen, wird ganz entscheidend durch die Regeln bestimmt. Sind diese zu kompliziert oder so, dass dabei nicht viel zu gewinnen ist, werden die Spieler entweder gar nicht antreten oder sich nicht allzu viel Mühe geben. Ein gutes Spiel entsteht dann jedenfalls nicht. Bieten die Regeln dagegen Anreize, so werden sich die Hersteller anstrengen und ihren Zuschauern, den Konsumenten, einen tollen Wettkampf bieten, und damit viele gute und preiswerte Produkte.

Wettbewerb

Wettbewerb im Sport wie im Kapitalismus hat nichts zu tun mit einem wilden, ungeregelten Kampf aller gegen alle, sondern ist gebunden an ein feines und genau abgestimmtes Regelwerk, ohne das er nicht funktionieren kann. Wettbewerb ist also kein wilder, ungezügelter Kampf, sondern ein hoch entwickelter und empfindlicher Mechanismus.

Wir sehen, die Ausgestaltung der Regeln hat einen entscheidenden Einfluss auf das Spiel. Damit dieses vor allem für die Zuschauer interessant wird, müssen ein paar wichtige Grundsätze beachtet werden. Zunächst müssen, auch wenn es banal klingt, die Regeln für alle gleich sein. Stellen Sie sich ein Fußballspiel vor, bei dem die eine Mannschaft nach Fußball-, die andere nach Rugby-Regeln spielt. Das mag für kurze Zeit unterhaltsam sein, aber nicht auf Dauer. Langfristig wollen die Zuschauer keine rüden Fouls sehen, sondern ein schönes Fußballspiel, bei dem der Bessere gewinnt.

Im Fußball ist dies selbstverständlich. Alle Länder spielen inzwischen nach denselben Regeln. In der Wirtschaft leider nicht. Erinnern wir uns: In manchen Bereichen tritt der Staat selbst als Anbieter auf, oder er schützt oder subventioniert bestimmte Sektoren. Für die anderen Unternehmen bedeutet das, dass sie gegen Konkurrenten antreten müssen, die unter erleichterten Bedingungen spielen. Beide, der Staat wie die subventionierten Unternehmen sind nämlich dem Konkurrenzdruck entzogen. Sie spielen nun nach anderen, leichteren Regeln. Es wäre so, als würde im Fußball eine Mannschaft mit dreizehn Mann antreten dürfen oder sich nicht an die Abseitsregel halten müssen. Für die Mannschaft wäre das gut, aber nicht für das Spiel. Und schon gar nicht für die Zuschauer.

Noch größer sind die Unterschiede auf internationaler Ebene. Manche Länder schützen ihre Wirtschaft durch Einfuhrzölle, andere nicht. Manche fördern die Gentechnologie, andere erschweren oder verbieten sie. Manche erlauben Waffenexporte, andere verbieten sie kategorisch. Für die hier konkurrierenden Unternehmen gelten also je nach Land unterschiedliche Regeln und damit unterschiedliche Chancen. Ein faires Spiel, in dem der Beste gewinnt, kommt auf diese Weise nicht zustande.

Genauso wichtig ist es, dass die Spieler die Regeln kennen und auch akzeptieren. Unsicherheit über die Regeln behindert die Spieler und macht ein schönes Spiel unmöglich, denn niemand weiß genau, was er eigentlich darf und was nicht. Noch schlimmer ist es, wenn die Spieler die Regeln ablehnen. Fouls, vor allem versteckte Fouls sind die Folge. Im Wirtschaftsleben finden wir dies beispielsweise in den ehemaligen kommunistischen Staaten Osteuropas, die beim Übergang zur Marktwirtschaft wichtige ökonomische Regeln entweder nicht kennen oder einfach nicht beachten. Von einem solchen Spiel profitieren nur wenige, nämlich diejenigen, die Foul spielen und damit durchkommen. Die Zuschauer, die Konsumenten, sind dann die Dummen, denn sie bekommen kein gutes Spiel geboten.

Setzen wir einmal voraus, die Regeln wären perfekt und die besten Spieler der Welt hätten sich versammelt. Die Chancen für ein tolles Match wären dennoch ziemlich gering, denn etwas Entscheidendes fehlt: der Schiedsrichter. Ohne eine starke Instanz, die die Einhaltung der Regeln überwacht und Verstöße bestraft, kann kein gutes Spiel zustande kommen. Wahrscheinlich würde überhaupt kein Spiel entstehen, denn die Mannschaften kämen vor lauter Streit gar nicht zum Spielen. Die Vorstellung, ein Spiel allein mit Appellen an die Fairness durchzuführen, ist ziemlich naiv. Die menschliche Natur, verbunden mit den großen Anreizen, die ein Sieg verspricht, stünde dem entgegen.

In der Wirtschaft sind solche Situationen nicht selten, vor allem in Ländern, in denen der Staat entweder zu schwach ist, um die Regeln durchzusetzen, oder gar kein Interesse daran hat. Wenn Gesetzgeber und Teile der Wirtschaft unter einer Decke stecken, kann kein fairer Wettbewerb stattfinden. Wenn korrupte Machthaber einseitig Gesetze zugunsten bestimmter Unternehmen erlassen, dann werden die Zuschauer, für die das Ganze eigentlich gedacht ist, betrogen. Sie müssen sich ein Spiel anschauen, das ein bestochener Schiedsrichter leitet.

Noch etwas ist wichtig, damit ein Spiel für die Zuschauer interessant wird: die Spielstärke der Mannschaften. Ist eine von ihnen der anderen haushoch überlegen, so wird es langweilig. Ein Auftritt von Bayern München bei einem kleinen Dorfverein mag für dessen Mitglieder ein großes Ereignis sein, von sportlichem Interesse ist er nicht. Dafür müssten beide Teams zumindest die Chance haben, den anderen zu besiegen. Im Sport löst man dieses Problem durch Spielklassen, in denen jeweils gleich starke Mannschaften aufeinander treffen.

In der Wirtschaft ist das schwieriger. Der Schiedsrichter, in diesem Fall das Kartellamt, muss dafür sorgen, dass wenigstens halbwegs gleichstarke Wettbewerber antreten, von denen jeder die Chance hat, das eine oder andere Spiel zu gewinnen, also ein Produkt auf den Markt zu bringen, mit dem er den Konkurrenten Marktanteile abnehmen kann. Außerdem gilt: je mehr Mannschaften, desto besser. Wenn immer nur dieselben zwei oder drei Teams um den Titel spielen, wird es auf Dauer langweilig. Es muss also Aufsteiger geben, die frischen Wind in die Liga bringen und den Etablierten ihre Position streitig machen. Dann wird es für die Zuschauer wieder spannend.

Wenn also große Unternehmen dauerhaft eine Machtposition innehaben und aufkommende Konkurrenten klein halten können, kann kein fairer Wettbewerb stattfinden. Das Kartellamt muss daher darauf achten, dass auch die Kleinen den Großen beispielsweise durch tolle neue Produkte gefährlich werden können. Das ist der Sinn des Wettbewerbs, denn nur dann haben auch die Zuschauer, die Konsumenten, etwas davon.

Ein letzter Punkt muss noch beachtet werden. Die Mannschaften müssen gewinnen wollen. Das klingt auf den ersten Blick vielleicht etwas seltsam, denn welche Mannschaft will nicht gewinnen? Dennoch ist es keineswegs selbstverständlich, jedenfalls nicht in der Wirtschaft. Und selbst im Sport kommt es gelegentlich vor. Zum Beispiel bei der Fußball-WM 1982 in Spanien. Im letzten Gruppenspiel der Vorrunde zwischen Deutschland und Österreich stand es bereits nach wenigen Minuten 1:0 für Deutschland, ein Ergebnis, mit dem beide Teams weitergekommen wären. Und tatsächlich gelang es beiden Mannschaften, jeden auch nur halbwegs gefährlichen Angriff auf das gegnerische Tor zu vermeiden und so in die nächste Runde einzuziehen. Die wenigen Zuschauer, die beim Schlusspfiff noch im Stadion waren, zeigten ihre Wut über diesen Betrug durch das demonstrative Winken mit Geldscheinen. Zu Recht, denn nicht nur sie waren betrogen worden, sondern auch die anderen Mannschaften, die Anspruch auf einen fairen Wettkampf gehabt hätten.

Das Bestreben, sich dem Wettbewerb zu entziehen, ist allerdings verständlich, denn Wettkampf bedeutet Anstrengung und Risiko. Ihm aus dem Weg zu gehen, ist daher weit verbreitet, vor allem in der Wirtschaft. Die angenehmste Form, dies zu tun, haben wir schon kennengelernt: Subventionen. Subventionierte Unternehmen sind vom Wettbewerb ganz oder teilweise befreit und können das Spiel daher relativ gelassen angehen. Schön für die Unternehmen und ihre Beschäftigten, aber fair ist es nicht und zum Nutzen der Konsumenten auch nicht.

Beliebt ist auch eine andere Art, sich dem Wettbewerb zu entziehen: Kartelle, also Absprachen zwischen Unternehmen. Sie zu verhindern, ist die wichtigste und schwierigste Aufgabe des Kartellamts. Wenn für die Konsumenten, also für uns alle, ein großes Angebot an guten und preiswerten Produkten zustande kommen soll – und das ist, wie wir bereits festgestellt haben, der Sinn der Marktwirtschaft –, dann dürfen sich die Unternehmen nicht absprechen. Im Gegenteil. Sie müssen sich einen harten Wettkampf liefern. Alles andere wäre Betrug, denn wir würden ein abgekartetes Spiel zu sehen bekommen. Genau wie das zwischen Deutschland und Österreich.

Im Sport wie im Kapitalismus gilt also: Es muss Regeln geben, und diese müssen so gestaltet sein, dass das Spiel für alle etwas bringt.

Kapitalismus ist ein feines Regelwerk zum Wohle aller

V

Der Kapitalismus dient vor allem den Unternehmen

Das Spiel Kapitalismus soll, wie wir gerade gesehen haben, allen Beteiligten nützen. Schauen wir uns also die Beteiligten etwas genauer an. Wir erkennen nämlich dann den eigentlichen Zweck des Spiels.

Das Ziel der Spieler ist es, den Gegner zu besiegen, das Ziel der Unternehmen, bessere oder preiswertere Produkte als die Konkurrenz anzubieten. Ganz anders hingegen das Interesse der Zuschauer. Sie wollen in erster Linie gute und spannende Spiele sehen. Ebenso die Verbraucher. Ihnen geht es vor allem um ein möglichst breites Angebot an guten und preiswerten Produkten.

Die Interessen der Beteiligten sind also sehr unterschiedlich. Die der Spieler sind andere als die der Zuschauer, die der Hersteller andere als die der Verbraucher. Genau hier liegt der Clou. Fußball wie Kapitalismus nutzen diesen Interessengegensatz aus. Beide setzen nämlich die Interessen der einen ganz bewusst ein, um denen der anderen zu dienen. Der Wettbewerb auf dem Spielfeld wie auf dem Markt dient allein einem Zweck: dem Wohl der Zuschauer beziehungsweise der Verbraucher.

Das mag zunächst überraschen, sind es doch vor allem die Spieler und die Unternehmer, die sehr viel Geld verdienen. Das tun sie auch, aber nur, wenn sie gut spielen und das Publikum begeistern. Und nur darum geht es. Das System Fußball benutzt den Ehrgeiz der Spieler, reich und berühmt zu werden, um das eigentliche Ziel, die Unterhaltung der Zuschauer, zu erreichen. Die Spieler sind lediglich Mittel zum Zweck. Sie werden aber fürstlich entlohnt, wenn sie diesen Zweck gut erfüllen.

Kapitalismus

Sinn und Zweck des Kapitalismus ist ausschließlich das Wohl der Konsumenten, nicht das der Produzenten. Diese sind lediglich Mittel zum Zweck. Ihr Gewinnstreben wird eingesetzt, um das eigentliche Ziel, die optimale Versorgung der Menschen, zu erreichen. Der Kapitalismus ist also alles andere als eine exklusive Veranstaltung zugunsten der Unternehmer. Er ist vielmehr eine soziale Einrichtung zum Wohle aller.

Nicht anders beim Spiel Marktwirtschaft. Es wurde gewissermaßen nur aus einem Grund »erfunden«: den Verbrauchern, also uns allen, das zu liefern, was sie zum Leben brauchen, nämlich ein möglichst großes Angebot an guten und preiswerten Produkten und Dienstleistungen. Das ist der Sinn der Sache. Sonst nichts. Und nur dafür setzt der Kapitalismus ganz bewusst den Ehrgeiz, das Gewinnstreben und das Machtinteresse der Unternehmer ein. Diese können dabei in der Tat sehr viel Geld verdienen, aber eben nur, wenn sie den Verbrauchern ein tolles Spiel bieten.

Fassen wir zusammen: Der Kapitalismus braucht, damit er seinen Zweck erfüllen und die Menschen mit all dem versorgen kann, was sie benötigen, klare und genau abgestimmte Regeln. Von einem wilden und regellosen Kampf kann also keine Rede sein. Ein solcher würde zwar einige Gewinner hervorbringen, aber nicht den breiten Wohlstand, den wir alle heute genießen.

Auch das gängige Bild, nach dem der Stärkere den Schwächeren frisst, hat mit der Wirklichkeit nur wenig zu tun. Es ist ja gerade nicht die einfache Stärke, die gewinnt, sondern die Qualität, die das weniger Gute auf Dauer ersetzt. Dafür sind, wie wir gesehen haben, die Regeln so gesetzt, dass möglichst viele Starke miteinander konkurrieren, zum Wohle aller, auch der Schwachen.

Unsere kleine Checkliste des Kapitalismus hat sich damit um drei Punkte erweitert:

Weitere Merkmale des Kapitalismus

- Organisation der Wirtschaft durch einen freien Markt mit Angebot und Nachfrage
- Freiwillige Tauschhandlungen der Marktteilnehmer
- Privateigentum an Gütern und Produktionsmitteln
- Rechtssicherheit durch den Staat
- Wettbewerb und Leistungsprinzip
- Klare gesetzliche Rahmenbedingungen (Regeln)
- Konsumentensouveränität

Machen wir uns zum Abschluss dieses Kapitels noch eines klar: Es geht in der Wirtschaft, im Großen wie im Kleinen, um sehr viel. Um Einkommen, um Macht, um Ansehen. Die Versuchung, gegen die Regeln zu verstoßen und durch ein Foul einen Vorteil zu erlangen, ist groß, manchmal vielleicht zu groß. Aber: Was immer sich an Fehlentwicklungen und Skandalen im Wirtschaftsleben ereignet, verantwortlich hierfür sind entweder Regelverstöße durch Einzelne oder schlecht gesetzte Regeln, aber nicht das Spiel an sich. Wirtschaftliche Probleme dem Kapitalismus anzulasten ist so, als würde man seine Waage dafür verantwortlich machen, dass man zugenommen hat.

Kein vernünftiger Mensch käme auf die Idee, die Demokratie in Frage zu stellen, nur weil die Freiheit manchmal von Dummen oder Kriminellen missbraucht wird. Niemand würde ernsthaft auf den technischen Fortschritt verzichten, nur weil es gelegentlich Unfälle oder Unglücke gibt. So wie wir den Fußball nicht abschaffen, nur weil dort mitunter Fouls begangen werden, so sollten wir auch den Kapitalismus nicht in Frage stellen, nur weil Einzelne gelegentlich gegen die Regeln verstoßen. Das Spiel Kapitalismus ist vermutlich das genialste Spiel, das jemals erfunden wurde. Kein anderes unterhält uns Zuschauer so gut.

Der Kapitalismus dient dem Konsumenten und damit uns allen

VI

Im Kapitalismus spielt Moral keine Rolle

Schauen wir uns zum Abschluss die moralische Bedeutung des Ganzen an. Wir erinnern uns, Adam Smith ging es vor allem um die Armen und die Verbesserung ihrer Situation. Smith war also alles andere als ein Verfechter eines wilden, ungezügelten Raubtierkapitalismus. Außerdem stand er den Unternehmern und Kaufleuten trotz ihrer wichtigen Rolle für das Allgemeinwohl durchaus kritisch gegenüber. Sein Buch ist voll von bissigen Bemerkungen über ihre Habgier und ihre zum Teil schäbigen Methoden.

Seine Frage lautete also: Wie lässt sich die Lage der Menschen verbessern? Die klassische Antwort hierauf war der Altruismus, also die Fürsorge und Wohltätigkeit durch die Mitmenschen. Mit dem freien Markt und dem Wettbewerb hatte Smith nun eine Alternative entdeckt, die nicht nur viel wirksamer, sondern auch sicherer war. Das Wohl des Einzelnen hing nicht länger von den veränderlichen Gefühlen und Launen seiner Mitmenschen ab, sondern von etwas viel Verlässlicherem: seinem Eigeninteresse.

> »Nicht vom Wohlwollen des Metzgers, Brauers und Bäckers erwarten wir das, was wir zum Essen brauchen, sondern davon, dass sie ihre Interessen wahrnehmen. Wir wenden uns nicht an ihre Menschen-, sondern an ihre Eigenliebe, und wir erwähnen nicht die eigenen Bedürfnisse, sondern sprechen von ihrem Vorteil.«
>
> *Adam Smith*

Dieser wohl berühmteste Satz aus dem »Wohlstand der Nationen« bringt es auf den Punkt. Appelle an das Mitgefühl oder die Barmherzigkeit der Menschen sind zwar lobenswert, aber nicht besonders verlässlich. Wenn es darum geht, die Armut dauerhaft zu verringern oder Wohlstand für möglichst viele Menschen zu schaffen, ist das Eigeninteresse ein viel verlässlicherer Partner. Hier liegt das Geniale an Smiths Idee. Um ethische Ziele wie »Verringerung der Armut« oder »Wohlstand für alle« zu erreichen, sollten wir uns nicht auf die moralische Bereitschaft der Menschen verlassen, sondern auf ihren Eigennutz.

Genau das tun wir im Kapitalismus. Wir benutzen ein moralisch nicht unbedingt hoch angesehenes, aber sehr starkes Motiv – das Eigeninteresse –, um ein ethisch hehres Ziel, die Bekämpfung der Armut, zu erreichen. Die Moral ist nicht mehr vom guten Willen des Einzelnen abhängig, sondern bereits im System verankert. Dessen Mechanismus sorgt automatisch dafür, dass das wichtigste moralische Anliegen einer Gesellschaft, das Wohl aller, verwirklicht wird. Damit ist die Marktwirtschaft ethisch begründet. Sie besitzt aus sich heraus eine hohe moralische Qualität.

Der Kapitalismus ist aber nicht nur vom System her eine moralische Veranstaltung, Moral kommt auch direkt und praktisch zur Geltung. Dafür sorgt die mächtigste Instanz, die es im Kapitalismus gibt: der Konsument. Einige von uns erinnern sich vielleicht noch an ein Ereignis, das zum ersten Mal die ungeheure Macht des Verbrauchers demonstrierte. Der Shell-Konzern beabsichtigte im Jahre 1995, die ausgediente Ölplattform »Brent Spar« im Meer zu versenken, statt sie an Land zu entsorgen. Das war zwar nicht verboten, hätte aber zu einer erheblichen Belastung des Meeres geführt. Die von Greenpeace daraufhin veranstaltete Kampagne fand riesige Unterstützung durch unzählige Verbraucher in der ganzen Welt. Sie nutzten ihre Macht und boykottierten Produkte von Shell, mit dem Ergebnis, dass der Konzern seine Entscheidung zurücknahm. Die geballte Konsumentenpower hatte deutlich gemacht, dass sich die Unternehmen im Kapitalismus keineswegs alles erlauben können, sondern für unmoralisches Verhalten bestraft werden können, und zwar von höchster Stelle, nämlich von uns allen. Die Angst des Ölmultis BP, für die aktuelle Katastrophe im Golf von Mexiko von den Konsumenten abgestraft zu werden, dürfte entsprechend groß sein.

Die moralische Bedeutung der Marktwirtschaft zeigt sich schließlich vor allem in ihren konkreten, praktischen Auswirkungen. Wohlstand und Vielfalt, Freiheit und Unabhängigkeit, Frieden und Sicherheit, all das also, was unsere Lebensqualität heute ausmacht, sind hohe moralisch-ethische Werte. Angesichts der langen Zeit und aufgrund der Selbstverständlichkeit, mit der wir sie genießen, vergessen wir das sehr leicht. Wir sollten es aber nicht vergessen, denn wir verdanken es dem Kapitalismus.

Der Kapitalismus ist eine hochmoralische Veranstaltung

2
Wohlstand

Seit Adam Smith und seinem »Wohlstand der Nationen« wissen wir, wie wichtig ein freier Markt für den allgemeinen Wohlstand ist. Dass dieser allen, also auch den Armen, zugutekommt, war ja das entscheidende moralische Argument für die Marktwirtschaft. Wohlstand stellt also offensichtlich ein wichtiges, wenn nicht gar das wichtigste Ziel wirtschaftlichen Handelns dar.

Was aber ist Wohlstand? Drei Dinge lassen sich auf jeden Fall sagen: Wohlstand ist relativ, es gibt verschiedene Arten von Wohlstand, und den Menschen ist mehr Wohlstand ganz offensichtlich lieber als weniger.

Wir wollen in diesem Kapitel zunächst die große Bedeutung des Wohlstands herausstellen, der in wohlhabenden Gesellschaften oft als selbstverständlich angesehen wird. Dabei müssen wir uns klarmachen, dass dieser Wohlstand keine unveränderliche Größe darstellt, die einfach da ist und über die man jederzeit verfügen kann. Zum einen muss Wohlstand immer wieder neu geschaffen werden, zum anderen hängt er von vielen unterschiedlichen Faktoren ab, vor allem von den Regeln, die wir dem Spiel Kapitalismus geben. Uns interessiert hier also vor allem eine Frage: Was müssen wir tun und was sollten wir vermeiden, um unseren Wohlstand zu erhalten?

Kapitalismus – eine Liebeserklärung. Ulrich Chiwitt

ISBN: 978-3-527-50551-7

I

Kapitalismus schafft Wohlstand, aber Wohlstand ist nicht alles

Dieser Satz fordert eine etwas abgegriffene Redensart geradezu heraus. Wohlstand ist nicht alles, aber ohne Wohlstand ist alles nichts. Ohne ein gewisses Maß an Wohlstand oder zumindest die Hoffnung darauf herrschen Chaos und Barbarei.

Der Reihe nach. Der erste Teil des Satzes enthält immerhin eine Wahrheit. Er erkennt an, wenn auch widerwillig, dass Kapitalismus Wohlstand schafft. Diese Tatsache akzeptieren inzwischen auch ausgewiesene Kapitalismusgegner, ohne dabei allerdings die Hoffnung aufzugeben, es werde sich eines schönen Tages ein nichtkapitalistisches System finden, das diesen Vorzug ebenfalls besitzt.

Umso ärgerlicher ist der zweite Teil des Satzes, und zwar gleich aus mehreren Gründen. Der Umstand, dass ihn in der Regel Menschen zum Besten geben, die selbst im Wohlstand leben, ist dabei noch das geringste Ärgernis. Wichtiger ist, dass der Satz drei Unzulässigkeiten enthält. Er reduziert den Begriff Wohlstand auf materiellen Wohlstand, er wertet diesen materiellen Wohlstand in überheblicher Weise ab, und er unterstellt, dass der Kapitalismus bestimmte, nämlich nicht-materielle Bedürfnisse des Menschen nicht oder nur unzureichend befriedigen kann.

Werfen wir vorab einen kurzen Blick auf diejenigen, die sich diesen Satz auf die Fahne geschrieben haben. »Wohlstand ist nicht alles« lautet seit jeher der Slogan all jener, die uns das Glück durch Verzicht auf materiellen Besitz versprechen, dabei selbst aber gerne seine Vorzüge in Anspruch nehmen. Die ersten waren vermutlich jene Philosophen, die von ihrem ererbten Vermögen oder der Arbeit ihrer Sklaven ein angenehmes Leben führten. Seither beglücken uns Weltverbesserer dieser Art in regelmäßigen Abständen und in immer neuen Gewändern. Die bisher letzten waren die 68er-Studenten, Wohlstandskinder, die diejenigen, die diesen Wohlstand schufen, entweder beschimpften oder zur sozialistischen Revolution aufforderten. Gott sei Dank ohne Erfolg. Die Unternehmer produzierten einfach weiter, und die Arbeiter dachten gar nicht daran, ihren hart erarbeiteten Wohlstand aufs Spiel zu setzen.

Kommen wir zum Wohlstand selbst. Der Satz »Wohlstand ist nicht alles« soll zum Ausdruck bringen, dass eine Gesellschaft, die ihren Erfolg allein am materiellen Wohlstand bemisst, andere Bedürfnisse des Menschen nicht genügend berücksichtigt und dadurch im Extremfall zu einer inhumanen Gesellschaft werden kann. Die Geschichte wie auch der gesunde Menschenverstand zeigen, dass das Gegenteil der Fall ist.

Bis zum Beginn des industriellen Kapitalismus im 19. Jahrhundert war das Leben, jenseits aller romantischen Verklärung, für die meisten Menschen alles andere als angenehm. Hohe Kindersterblichkeit, geringe Lebenserwartung, kärgliche Ernährung, Anfälligkeit für Krankheiten und Schutzlosigkeit gegenüber Naturkatastrophen prägten den Alltag. Weit schlimmere Bedingungen also als diejenigen, unter denen heute selbst die Ärmsten in den modernen Industrieländern leben.

Mit der »Industriellen Revolution«, der ersten großen historischen Leistung des Kapitalismus, änderten sich die Verhältnisse. Es entwickelte sich materieller Wohlstand, langsam und unmerklich zwar, und zunächst auch nicht für jeden, aber er entwickelte sich. Das kapitalistische System schuf so viel Produktionskapazitäten, technische Verbesserungen und neue Einkommensquellen, dass sich die Lebensbedingungen der meisten Menschen nach und nach verbesserten. Die Kindersterblichkeit sank, die Lebenserwartung stieg, die Nahrung wurde nahrhafter, mehr und mehr Krankheiten konnten behandelt werden, und es gelang immer besser, sich vor den Widrigkeiten der Natur zu schützen. Mit anderen Worten: Den Menschen ging es in jeder Beziehung besser als jemals zuvor, eine Folge des zunehmenden materiellen Wohlstands.

Wer also materiellen Wohlstand abwertet oder gar die vorkapitalistische Zeit als weniger materialistisch verherrlicht, sollte sich klar machen, was er tut. Er romantisiert eine Zeit, in der es den Menschen in fast jeder Beziehung schlechter ging als heute. Überspitzt formuliert: Er stellt einen Vergleich an zwischen einer Situation, in der die meisten Kinder starben, und einer, in der fast alle Kinder überleben.

Mit der Verbesserung der äußeren materiellen Lebensbedingungen ist die Bedeutung materiellen Wohlstands allerdings nicht erschöpft. Im Gegenteil, materieller Wohlstand hat weitreichende Folgen.

Sehen wir uns hierfür den Begriff etwas genauer an. Wohlstand leitet sich unter anderem ab von »gewollt, willentlich«. Wohlstand ist also ein gewollter, angestrebter Zustand, der sich zum Beispiel in den Worten Wohlbefinden oder Wohlfühlen widerspiegelt. Was aber ist dieser gewollte, Wohlbefinden bereitende Zustand? Eine schwierige Frage. Sicher ist nur eins: Wohlstand ist relativ. Ein chinesischer Reisbauer versteht darunter sicherlich etwas anderes als ein gut verdienender Facharbeiter in Deutschland. Im Vergleich zu 80 Prozent der Weltbevölkerung leben selbst die Ärmsten bei uns in großem Wohlstand.

Ebenso bedeutet Wohlstand für uns heute etwas anderes als noch vor 60 Jahren. Damals ging es vor allem darum, die elementarsten Bedürfnisse zu befriedigen: Nahrung, Kleidung, Behausung, Bildung. Dank der Marktwirtschaft, aber auch des sprichwörtlichen deutschen Fleißes gelang das relativ schnell. Unter der Devise »Wohlstand für alle« entwickelte sich die Bundesrepublik in kurzer Zeit zu einer sogenannten »Wohlstandsgesellschaft«, in der nicht nur immer neue Bedürfnisse entstanden, sondern auch befriedigt werden konnten.

Maßstab dieses Wohlstands war eine Zahl, die die gesamte Wirtschaftsleistung des Landes zum Ausdruck brachte – das berühmte Bruttosozialprodukt. Diese Zahl wird zwar immer noch berechnet, Wohlstand aber bedeutet heute natürlich viel mehr.

Wohlstand heute

- Materielle Sicherheit
- Innere und äußere Sicherheit
- Rede- und Meinungsfreiheit
- Bildungs- und Entfaltungsmöglichkeiten
- Ein längeres Leben in körperlicher und geistiger Gesundheit
- Eine schöne und intakte Umwelt
- Ein großes Angebot an Kultur und Unterhaltung
- Die Freiheit, Kinder großzuziehen oder auch nicht
- Zeit für Hobbys und Interessen

Diese Errungenschaften und Annehmlichkeiten machen für uns heute einen großen Teil unseres Wohlstands aus, weswegen wir inzwischen auch lieber von Lebensqualität sprechen. Aber, wie immer wir es auch nennen, es beruht auf dem ungeheuren materiellen Reichtum, den unser Wirtschaftssystem, der Kapitalismus, geschaffen hat und immer wieder neu schafft. Ohne diesen wäre auch der kulturelle und ideelle Wohlstand, den wir heute genießen, nicht möglich. Wir könnten ihn uns nämlich schlichtweg nicht leisten, und wahrscheinlich wäre er uns nicht einmal besonders wichtig, denn wir wären viel zu sehr mit der Befriedigung unserer Grundbedürfnisse beschäftigt.

Machen wir uns also Folgendes klar: Ein Leben in Frieden, Freiheit und Sicherheit, humanitäre Werte wie Solidarität oder der Schutz des Einzelnen, die Möglichkeit, seine persönlichen Ideale zu verfolgen oder sein Leben nach eigenen Vorstellungen zu führen, all das ist ohne materiellen Wohlstand nicht oder nur sehr schwer möglich. Anders formuliert: All die Dinge, die heute eine humane und lebenswerte Gesellschaft ausmachen, sind erst ab einem bestimmten Wohlstandsniveau überhaupt zu realisieren. Und sie sind es umso leichter, je größer der Wohlstand ist.

Bertolt Brecht formulierte es etwas drastischer, meinte aber dasselbe: Erst kommt das Fressen, dann die Moral. Ob es uns gefällt oder nicht, aber ideelle Werte haben es nun einmal leichter, wenn die elementaren materiellen Bedürfnisse befriedigt sind.

Damit kein Missverständnis entsteht: Materieller Wohlstand löst keineswegs alle Probleme oder schafft gar das Paradies auf Erden. Auch im Kapitalismus gibt es Missstände, Skandale und Ungerechtigkeiten. Und es gibt Unzufriedenheit. Interessanterweise nimmt sogar ab einem bestimmten Wohlstandsniveau die Zufriedenheit der Menschen nicht weiter zu, auch wenn der Wohlstand weiter wächst. Es scheint also so etwas wie einen Sättigungsgrad im Zusammenhang zwischen Wohlstand und Zufriedenheit zu geben. Diese wird dann interessanterweise nicht mehr vom absoluten, sondern vom relativen Wohlstand bestimmt, also vom Vergleich mit den anderen Mitgliedern der Gesellschaft.

Dennoch: Wir, die Menschen in den kapitalistischen Industrieländern leben heute, materiell wie ideell, in Verhältnissen, wie es sie niemals zuvor gegeben hat und von denen auch heute die meisten Menschen nur träumen können. Und: Wir alle tun es. Der Wohlstand, den der Kapitalismus schafft, ermöglicht auch dem wirtschaftlich Schwächsten ein Leben, das in jeder Hinsicht besser ist als in allen früheren Zeiten oder in allen anderen Gesellschaften.

Fassen wir zusammen. Das, was die Ökonomen kalt und nüchtern als »materiellen Wohlstand« bezeichnen, hat eine überaus warme und menschliche Seite. Wohlstand macht die Menschen zufriedener, selbstbewusster und weltoffener. Er lässt sie friedlicher, freiheitlicher und demokratischer zusammenleben. Und er fördert die Menschenrechte. Gibt es bessere Argumente für Wohlstand?

Wohlstand ist die Voraussetzung für ideellen und kulturellen Reichtum

II

Geld macht nicht glücklich: Die Menschen in den ärmeren Ländern sind viel zufriedener als wir

Immer mehr, immer schöner, immer klüger! Erst wenn jeder von uns zwei Autos, den Körper eines Athleten und mindestens einen Doktortitel besitzt, sind wir vielleicht zufriedener, und wahrscheinlich selbst dann nicht. Wann verstehen wir endlich, dass es auf solche Dinge nicht ankommt und weniger oft mehr ist? Die Menschen in den Entwicklungsländern sind mit Sicherheit viel glücklicher als wir.

Um es vorwegzunehmen: sind sie nicht. Im Gegenteil, die Menschen in Afrika sind nicht nur die ärmsten, sondern auch die unglücklichsten der Welt.

Woher wissen wir das? Verschiedene Universitäten und Institute führen seit Längerem Untersuchungen zur Lebensfreude und Zufriedenheit der Menschen durch, und zwar weltweit. In zahlreichen Studien und mithilfe besonderer Messziffern erforschen sie gewissermaßen das Lebensglück der Menschheit. Durchgängige Erkenntnis aller Studien: Die Menschen rund um den Globus sind eher glücklich als unglücklich. Auf einer Punkteskala von 0 bis 10 liegt der globale Glücksfaktor bei 6,75. Der durchschnittliche Mensch ist also zu 67,5 Prozent mit sich und seinem Leben zufrieden.

Interessanter sind zweifellos die einzelnen Länderwerte. Sie variieren zwar je nach Untersuchung geringfügig, stimmen aber in den grundlegenden Aussagen überein. Und die dürften die Apostel des einfachen Lebens nachdenklich stimmen, denn die glücklichsten Menschen leben in den wohlhabenden kapitalistischen Industrieländern.

Spitzenreiter in Sachen Zufriedenheit sind die Europäer, die immerhin siebenmal in den Top Ten vertreten sind, darunter mit allen skandinavischen Ländern. Angeführt wird die Weltrangliste des Glücks schon seit Jahren von Dänemark mit einem Wert von 8,2. Die Dänen sind also die glücklichsten Menschen der Welt, die Simbabwer hingegen mit nur 3,3 Punkten die unglücklichsten. Warum?

Sehen wir uns die Einzelwerte etwas genauer an. Die große Zufriedenheit der Skandinavier wird vor allem darauf zurückgeführt, dass sie einerseits einen hohen Lebensstandard genießen, andererseits in ziemlich solidarischen Gesellschaften mit geringen sozialen Unterschieden leben. Neid und Missgunst scheinen hier vergleichsweise wenig ausgeprägt zu sein. Genau wie in den USA, die trotz einer starken Ichbezogenheit und großer sozialer Unterschiede ebenfalls zu den glücklichsten Nationen der Welt gehören.

Überraschenderweise haben auch viele südamerikanische Länder überdurchschnittlich hohe Glückswerte, obwohl sie doch keineswegs zu den reichsten Ländern dieser Welt gehören. Verantwortlich hierfür ist neben einer zunehmenden Demokratisierung vor allem das hohe Wirtschaftswachstum, also die Erwartung zukünftigen Wohlstands, die den Menschen offensichtlich eine hohe Zufriedenheit beschert.

Eher durchschnittlich ausgeprägt ist das allgemeine Glücksempfinden in Asien. Interessant hierbei: In China, der Nation mit dem größten Wirtschaftswachstum, blieb das Glück trotz des gestiegenen materiellen Wohlstands in den letzten Jahren konstant, was die These bestätigt, dass Wohlstand allein in der Tat nicht glücklich macht.

Der größte Zuwachs an Glück und Zufriedenheit zeigt sich bei den ehemals kommunistischen Ländern. Ihre Glückswerte sind zwar vergleichsweise niedrig, wachsen dafür aber rasant. Nach der anfänglichen Sorge und Unsicherheit nach dem Zusammenbruch des Kommunismus wachsen nun mit dem Ansteigen des Lebensstandards allmählich auch Optimismus und Zufriedenheit.

Ganz anders in Afrika. Hier leben mit Abstand die unglücklichsten Menschen dieser Erde. Korruption, Bürgerkrieg und eine ungewisse Zukunft spielen hier eine wichtige Rolle, entscheidend aber ist die Armut. Und, was mindestens so schlimm ist, die Hoffnungslosigkeit, ihr jemals entkommen zu können. Die einzige Chance, sie zu überwinden, ist, wie wir noch sehen werden, Demokratie und Marktwirtschaft.

Und die Deutschen? Wie glücklich und zufrieden sind die Dauernörgler und notorischen Bedenkenträger, die regelmäßig von Angst- und Betroffenheitsattacken heimgesucht werden? Das Ergebnis überrascht. Wir stehen gar nicht so schlecht da. Mit einem Wert von immerhin 7,2 liegen wir nicht nur klar über dem Durchschnitt, sondern können auch mit den Spitzenmannschaften einigermaßen mithalten, auch ohne Sommermärchen.

Eine weitere Überraschung stellen die Werte unserer südeuropäischen Nachbarn dar, die das ganze Jahr ein mildes Mittelmeerklima genießen dürfen und in unserer Vorstellung meist gut gelaunt und lebensfroh sind. Weit gefehlt. Trotz Dauersonne und entspannten Lebensgefühls schneiden die Mittelmeerländer in Sachen Glück und Zufriedenheit eher schlechter ab. Italien, Spanien und Griechenland, die beliebtesten Urlaubsziele der Deutschen, liegen mit Glückswerten um 6,5 sogar leicht unter dem Durchschnitt. Gutes Wetter allein macht also offensichtlich nicht glücklich.

Was aber macht glücklich? Warum sind die Menschen in den westlichen Industriestaaten so viel zufriedener als die in den Entwicklungsländern?

Die Faktoren sind vielfältig und unterscheiden sich, je nachdem auf welche Studie man sich beruft. In einem aber sind sich die Wissenschaftler einig: Die entscheidende Rolle spielt die wirtschaftliche Situation beziehungsweise eine gewisse ökonomische Sicherheit. Reiche Länder sind insgesamt glücklicher als arme. Ihre Bürger sind wohlhabend, gebildet, gesund und selten arbeitslos. In den unglücklichsten Nationen dagegen herrschen ausnahmslos Hunger und Not.

Wohlstand ist also Voraussetzung für Glück und Zufriedenheit. Was aber sind die anderen Faktoren, die darüber entscheiden, wie glücklich oder unglücklich wir sind? Die Wissenschaftler haben in ihren Untersuchungen einige entdeckt. So haben beispielsweise Freiheit, Demokratie und Toleranz eine große Bedeutung. In Gesellschaften, in denen Gleichberechtigung herrscht, Minderheiten akzeptiert werden und der Einzelne große Freiheiten bei der eigenen Lebensgestaltung genießt, sind die Menschen deutlich zufriedener.

Mindestens ebenso wichtig sind unsere privaten und sozialen Beziehungen. Ob in der Partnerschaft oder der Familie, im Freundeskreis oder am Arbeitsplatz, das soziale Umfeld scheint unsere Zufriedenheit ganz entscheidend zu beeinflussen. Das Aufwachsen in einem intakten Elternhaus, Partnerschaft, Freunde, ein gutes Verhältnis zu den Arbeitskollegen sowie Anerkennung und respektvolle Behandlung durch unsere Mitmenschen tragen ganz entscheidend zu unserem Glücklichsein bei.

Und noch etwas lässt uns zufriedener leben. Das Vertrauen in die staatlichen Institutionen, das Vorhandensein einer sozialen Absicherung, ein ausgewogenes Verhältnis zwischen Arbeitszeit und Privatleben und eine nicht allzu hohe Arbeitslosenquote. Auch in diesen Punkten schneiden die Dänen und ihre skandinavischen Nachbarn ziemlich gut ab.

Wenn wir uns klarmachen, dass all dies Wohlstand voraussetzt, dann lässt sich mit dem Sozialwissenschaftler Meinhard Miegel kühn und knapp sagen:

Wohlstand macht glücklich, jedenfalls glücklicher als Armut

III

Warum immer Gewinnmaximierung? Ein angemessener Gewinn reicht doch auch

Gewinnmaximierung! Für viele ein klares Indiz für die Habsucht und Gier der Kapitalisten, um jeden Preis Profit zu machen, notfalls über Leichen. Die weniger radikale Version dieser Kritik lautet: Die Unternehmen müssen ihren Gewinn doch nicht unbedingt maximieren. Ein ausreichender oder angemessener Gewinn tut es doch auch. Welcher der beiden Auffassungen man auch zugeneigt sein mag, beide verraten eine tiefe Unkenntnis marktwirtschaftlicher Zusammenhänge und der sozialen Bedeutung von Gewinnen.

Zunächst zum Begriff selbst. Gewinnmaximierung ist kein Ausdruck menschlicher Habgier, sondern ein nüchterner wirtschaftswissenschaftlicher Fachbegriff. Er soll lediglich die grundsätzliche Absicht eines Unternehmens zum Ausdruck bringen, das Beste aus dieser Unternehmung zu machen und ein möglichst gutes Ergebnis zu erreichen. Gewinnmaximierung ist also eine ziemlich normale Verhaltensweise, die sich aus dem gesunden Menschenverstand ergibt, nämlich das, was man tut, möglichst gut zu tun.

Schaut man noch etwas genauer hin, so zeigt sich, dass Gewinnmaximierung ein rein theoretischer Begriff ist, eine Vorgabe, ein Ideal, das man anstrebt, aber praktisch niemals erreicht. Mehr kann es nicht sein, denn ein Gewinn ist niemals im Voraus planbar. Ob und in welcher Höhe er entsteht, hängt von so vielen Faktoren ab, dass keine Planung sie auch nur halbwegs erfassen könnte. Dass das tatsächlich so ist, zeigen die berühmt-berüchtigten Gewinnwarnungen, jene Meldungen, die Unternehmen regelmäßig herausgeben und in denen sie plötzliche und unerwartete Gewinneinbrüche bekannt geben.

Die Ursachen hierfür können vielfältig sein. Eine plötzliche Trendwende, ein neuer Konkurrent am Markt, der Ausfall einer wichtigen Rohstofflieferung und so weiter, Faktoren also, die kaum oder gar nicht planbar sind, die aber den Gewinn verringern.

Solche Unwägbarkeiten und Risiken sind alltäglicher Bestandteil des Wirtschaftslebens, und je größer ein Unternehmen ist, desto mehr ist es davon betroffen. Die Unternehmen müssen daher alles tun, um für solche Fälle gewappnet zu sein. Und zwar immer, denn in einer Marktwirtschaft treten solche Fälle ständig auf, oft sogar gleichzeitig. Ein Unternehmen kann dann sehr schnell in ernste Bedrängnis geraten. »Gewinnmaximierung« ist daher nicht nur ein Gebot der Vernunft, sondern unabdingbare Pflicht für jedes Unternehmen.

Damit ist klar, wie unsinnig der auf den ersten Blick sympathisch erscheinende Vorschlag ist, die Unternehmen sollten sich doch mit einem ausreichenden oder angemessenen Gewinn zufriedengeben. Ganz abgesehen von der schwierigen Frage, wie denn ein angemessener Gewinn aussieht, stehen dem zwei einfache Tatsachen entgegen: Es ist unmöglich, Gewinne vorauszuplanen, auch keine angemessenen, und das Sichzufriedengeben mit einem »normalen« Gewinn kann sehr schnell die Existenz eines Unternehmens bedrohen.

Bei dieser Gelegenheit lässt sich ein weiteres Missverständnis ausräumen. Gewinnmaximierung ist zwar, wie wir gesehen haben, ein unverzichtbares Ziel von Unternehmen, aber keineswegs das einzige. Es ist, wie eine Befragung von Unternehmensgründern gezeigt hat, oft noch nicht einmal das wichtigste. Für die meisten von ihnen sind ganz andere Motive ausschlaggebend als Geld oder Einkommen. Die Möglichkeit, die eigenen Fähigkeiten zu entfalten, Ideen in die Tat umzusetzen oder sein eigener Herr zu sein, scheinen häufig eine viel größere Rolle zu spielen. Das gute Gefühl, etwas erreicht oder geschafft zu haben, und die Zufriedenheit, die sich dadurch einstellt, treiben viele Unternehmer an. Den finanziellen Erfolg betrachten sie dabei oft lediglich als Bestätigung ihrer Leistung. Gewinnmaximierung ist also wirklich nicht alles.

Werfen wir noch einen kurzen Blick auf die soziale Bedeutung von Gewinnen. Erinnern wir uns, der Kapitalismus setzt ja das Gewinnstreben der Unternehmen ganz bewusst ein, um so das eigentliche Ziel, die optimale Versorgung der Menschen, zu erreichen. Unternehmen, die dazu in besonderem Maße beitragen, die also viele Produkte oder Leistungen verkaufen, werden dafür mit einem hohen Einkommen belohnt. Hohe Gewinne sind also grundsätzlich Ausdruck eines besonderen Beitrags zum gesellschaftlichen Wohl. Sie zeigen an, dass das betreffende Unternehmen mit seinen Produkten die Verbraucherwünsche sehr gut erfüllt hat.

Von hohen Gewinnen profitieren aber nicht nur die Konsumenten, also wir alle, sondern auch die Arbeitnehmer. Nur rentable Unternehmen stellen Mitarbeiter ein und sind in der Lage, ihnen gute Löhne zahlen. Es besteht in der Tat ein enger Zusammenhang zwischen der Gewinnentwicklung in einer Volkswirtschaft und der Zahl ihrer Arbeitsplätze. Das gilt nicht immer für jedes einzelne Unternehmen, und entsprechende Gegenbeispiele werden gerne als Beleg dafür genommen, dass trotz hoher Gewinne keine Arbeitsplätze entstehen. Insgesamt aber und über einen längeren Zeitraum betrachtet, gilt dieser Zusammenhang eben doch: Gewinne schaffen Arbeitsplätze.

Und sie haben noch einen Vorteil. Sie stellen einen großen Anreiz dar: für bereits bestehende Unternehmen den Anreiz zu Investitionen und Innovationen, für andere den Anreiz, es selbst zu versuchen und etwas zu »unternehmen«. Beides führt zu einem größeren Angebot für die Konsumenten und damit zu Wachstum, Fortschritt und Wohlstand.

Gewinne sind also Ausdruck gesellschaftlichen Wohlstands, und hohe Gewinne sind Ausdruck großen gesellschaftlichen Wohlstands. Sie zeigen an, dass die Menschen optimal mit Gütern und Dienstleistungen versorgt werden. Daraus ergibt sich für die Unternehmen vor allem eines: Gewinnmaximierung ist kein Privileg, für das sie sich ständig entschuldigen müssen, sondern ihre gesellschaftliche Pflicht, die sie tunlichst zu erfüllen haben. Durch ihr Streben nach Gewinn dienen sie den Konsumenten und damit der ganzen Gesellschaft langfristig am besten. Verachten wir also die Gewinne nicht.

Je höher die Gewinne, desto besser für alle

IV

Wettbewerb OK, aber doch nicht so brutal

Wettbewerb ist unbequem, anstrengend und unbarmherzig. Er löst Leistungsdruck und Stress aus, er lässt Unternehmen alles Mögliche und Unmögliche tun, um die Konkurrenz auszuschalten, und er führt zu Firmenpleiten und Arbeitslosigkeit. Kein Wunder, dass viele versuchen, sich ihm zu entziehen, notfalls auch durch Betrug. Warum also belasten wir uns noch immer mit ihm? Warum begrenzen wir den Wettbewerb nicht einfach und machen ihn so ein wenig menschlicher?

Die Antwort kennen wir schon: weil er die Quelle unseres Wohlstands ist. Ohne ihn wäre unsere Marktwirtschaft gar keine Marktwirtschaft und könnte ihre wohlstandschaffende Kraft auch nicht entfalten. Ohne ihn gäbe es all die Neuerungen und Verbesserungen nicht, von denen wir alle ständig profitieren. Warum nicht? Weil Unternehmen, die nicht im Wettbewerb mit anderen stehen, keinen Grund haben, sich besonders anzustrengen und neue Produkte auf den Markt zu bringen. Wettbewerb ist also die treibende Kraft für Fortschritt, Wachstum und Wohlstand. Und, ob es uns gefällt oder nicht, er ist es umso mehr, je härter er ist.

Erinnern wir uns an die Bäckerei in unserem Beispiel. Das Hinzukommen von zwei Konkurrenten war für sie alles andere als angenehm, umso mehr aber für die Kunden. Sie hatten die Auswahl zwischen vielen Produkten, und die Preise hielten sich in Grenzen. Genau das ist der Sinn der Sache. Es geht um das Wohl der Kunden, der Konsumenten, also unser aller Wohl. Zu diesem Zweck setzt die Marktwirtschaft ganz gezielt das Gewinnstreben der Unternehmen ein. Diese erzielen, wenn sie erfolgreich sind, zwar hohe Gewinne, müssen sich aber dem anstrengenden Wettbewerb und dem Risiko des Scheiterns aussetzen. Der Nachteil einzelner wird zum Vorteil aller.

Was würde es bedeuten, den Wettbewerb aus menschlichen oder moralischen Gründen einzuschränken? Stellen wir uns vor, ein Handyhersteller verkauft immer weniger, weil seine Handys im Vergleich mit anderen zu schlecht, zu teuer oder zu uncool sind. Dem Unternehmen droht, wenn es diese Entwicklung nicht stoppen kann, der Konkurs, den Arbeitnehmern der Verlust ihrer Arbeitsplätze. Den Wettbewerb ein wenig menschlicher zu machen, hieße nun, das Unternehmen mit staatlichen Mitteln zu unterstützen, um so den Konkurs zu verhindern. Das klingt gut, denn wer würde nicht gerne den Verlust von Arbeitsplätzen vermeiden?

Leider ist die Sache nicht ganz so einfach. Unternehmen zu unterstützen, die am Markt nicht bestehen können, deren Produkte also niemand haben will, bedeutet nichts anderes, als sie für ihre schlechte Leistung auch noch zu belohnen. Sie erhalten eine Art Bestandsgarantie, obwohl sie nichts zum Nutzen der Allgemeinheit beitragen, was ja eigentlich ihre Aufgabe ist. Das ist nicht nur ungerecht den Konkurrenten gegenüber, sondern auch zum Schaden der Allgemeinheit. Es mindert unser aller Wohlstand, denn die eingesetzten Mittel könnten woanders viel sinnvoller verwendet werden.

Damit ist klar, wie unsinnig die Forderung nach einer Einschränkung des Wettbewerbs ist. Ganz abgesehen von der Schwierigkeit, das Maß der Begrenzung festzulegen, steht dem vor allem die Logik entgegen. Humanität und Moral sind keine Frage des Mehr oder Weniger an Wettbewerb. Im Gegenteil, in einer Gesellschaft, deren Wohl ganz entscheidend vom Wettbewerb abhängt, verbietet sich eine Einschränkung geradezu, und zwar aus moralischen Gründen. Wir haben gesehen, welche Errungenschaften wir dem Wettbewerb verdanken. Wenn er also wegen seiner Vorteile für die Allgemeinheit erwünscht ist, und das ist er unbestritten, dann muss er auch ohne Einschränkung durchgeführt werden, selbst bis zum wirtschaftlichen Ruin von Konkurrenten. Ein Unternehmen, das auf Dauer nicht mehr leistungsfähig ist, also nicht mehr zum allgemeinen Wohlstand beiträgt, muss, so hart es klingt, vom Markt verschwinden, denn es werden Ressourcen verschwendet zum Schaden der Allgemeinheit. Rohstoffe, Arbeitskraft, Energie, Ideen, Motivation, all das kann und muss woanders besser eingesetzt werden.

Der Wettbewerb hat übrigens noch einen großen Vorteil, der weit über die Wirtschaft hinausgeht. Einer der Väter unserer sozialen Marktwirtschaft hat ihn einmal als »das großartigste und genialste Entmachtungsinstrument der Geschichte« bezeichnet. Zu Recht, denn jede errungene Machtposition am Markt ist durch die ständigen Veränderungen im Wirtschaftsleben immer wieder bedroht. Selbst große und mächtige Unternehmen verschwinden wieder. Macht, und damit auch die Abhängigkeit von denjenigen, die Macht besitzen, wird auf diese Weise eingeschränkt.

Ein »bisschen« Wettbewerb schadet dem Wohlstand

V

Hauptsache, die Arbeitsplätze bleiben erhalten

Wer würde diesem Satz nicht gerne zustimmen? Arbeitsplätze sind Ausdruck einer funktionierenden Wirtschaft, sie schaffen Einkommen, Sicherheit und Zufriedenheit, und sie stellen ein wichtiges soziales Umfeld für die meisten Menschen dar. Jeder verlorene Arbeitsplatz führt den Betroffenen in die Arbeitslosigkeit mit all ihren materiellen, psychischen und sozialen Folgen. Nicht umsonst gilt die Bekämpfung der Arbeitslosigkeit seit jeher als eines der wichtigsten Ziele der Politik.

Dennoch: Arbeitsplätze um jeden Preis erhalten zu wollen, bedeutet, gegen die moralische Logik der Marktwirtschaft zu verstoßen. Deren Sinn und Zweck ist das Wohl der Konsumenten, nicht der Produzenten. Die Produzenten, also Arbeitgeber und Arbeitnehmer, werden unter Druck gesetzt, zum Wohl der Allgemeinheit. Genau darin lag ja die moralische und soziale Begründung der Marktwirtschaft.

Was bedeutet es nun, Unternehmen, die eigentlich nicht mehr konkurrenzfähig sind, zu unterstützen mit dem Argument, Arbeitsplätze erhalten zu wollen? Es ist, wie schon beim Wettbewerb, eine Belohnung schlechter Leistungen und eine Benachteiligung der anderen Unternehmen. Es ist die ungerechtfertigte Bevorzugung einiger auf Kosten aller. Arbeitsplätze sind Teil der Produktion, und ihre gesellschaftliche Aufgabe besteht darin, zur bestmöglichen Versorgung der Menschen beizutragen. Unproduktive Arbeitsplätze erfüllen diese Aufgabe nicht. Sie tragen nicht zum allgemeinen Wohlstand bei. Im Gegenteil, sie verbrauchen ihn.

Noch schlimmer aber ist, dass der künstliche Erhalt von Arbeitsplätzen den wichtigsten Motor unseres Wohlstands außer Kraft setzt. Jede Innovation, jeder technische Fortschritt und damit auch jeder neue, zukünftige Arbeitsplatz werden verhindert. Der Strukturwandel, also die Ablösung alter, unproduktiver Methoden durch neue und bessere kann nicht stattfinden. Genau das ist aber notwendig, um Fortschritt, Wachstum und Wohlstand zu erhalten.

Marktwirtschaft bedeutet, auch wenn es uns nicht gefällt, permanenter Strukturwandel. Wirtschaftswissenschaftler bezeichnen diesen Prozess auch als »schöpferische Zerstörung«, also das Entstehen des Neuen aus dem Zugrundegehen des Alten. Konkurse und Entlassungen, so bedauerlich sie für die Betroffenen sind, bilden einen notwendigen Teil dieses Strukturwandels. Sie sind kein Fehler oder Betriebsunfall der Marktwirtschaft, sondern Voraussetzung für Modernisierung und Konkurrenzfähigkeit und damit für unser aller Wohlstand. Gerade dieser Wohlstand ermöglicht es uns auch, den Strukturwandel möglichst sozialverträglich zu gestalten und die Betroffenen aufzufangen.

Damit ist eines deutlich geworden: Arbeitsplätze sind, trotz ihrer Bedeutung für den Einzelnen, kein Selbstzweck. Ihre soziale und moralische Rechtfertigung erhalten sie nicht dadurch, dass sie Menschen Beschäftigung und Einkommen geben, sondern dadurch, dass sie als notwendiger Bestandteil der Produktion zum allgemeinen Wohlstand beitragen. Nur darin liegt, nach marktwirtschaftlicher Logik, ihre Existenzberechtigung, nicht in sich selbst.

Damit ist auch ein weit verbreitetes Missverständnis geklärt. Es kann niemals die Aufgabe von Unternehmen sein, Arbeitsplätze zu schaffen. Die Aufgabe von Unternehmen ist die optimale Versorgung der Bevölkerung, und sie tun dies, wie wir gesehen haben, dann am besten, wenn sie möglichst erfolgreich sind. Für diese Aufgabe benötigen sie Mitarbeiter und richten entsprechende Arbeitsplätze ein. Sie können dies aber nur in dem Maße tun, wie es für ihren Zweck erforderlich ist. Eine Verpflichtung, darüber hinaus Mitarbeiter einzustellen, würde diese Aufgabe erschweren oder gar unmöglich machen.

Aus demselben Grund kann es auch das so oft beschworene Recht auf Arbeit nicht geben, jedenfalls nicht in einer Marktwirtschaft. Würde man es einrichten, so müssten die Unternehmen Arbeitsplätze schaffen, die sie gar nicht benötigen. Die Folgen träfen uns alle. Die Unternehmen wären weniger rentabel und würden entsprechend weniger investieren können, zum Beispiel in neue und bessere Produkte. Vor allem aber könnten sie diese nicht mehr so günstig anbieten wie bisher. Alles würde teurer und unser Wohlstand kleiner.

Der auf den ersten Blick eingängige Satz – jeder Arbeitsplatz ist besser als keiner – ist also mit Vorsicht zu genießen. Er mag im Bereich der Niedriglöhne gelten, denn hier kann der Staat den Beschäftigten so viel dazuzahlen, dass diese ihren Lebensunterhalt bestreiten können. Auf diese Weise wird immerhin noch etwas erwirtschaftet, und die Allgemeinheit weniger belastet als durch die Zahlung von Arbeitslosengeld.

Der Satz gilt aber nicht, wenn Arbeitsplätze mit staatlichen Mitteln, also auf Kosten der Allgemeinheit erhalten werden. Solche Arbeitsplätze sind eben nicht besser als keine, denn sie verschwenden Ressourcen und mindern unseren Wohlstand. Die gut gemeinte moralische Absicht, Menschen in Lohn und Brot zu bringen, kehrt sich um in einen Nachteil für alle und hilft auf Dauer auch den Betroffenen nicht.

Natürlich können wir dennoch bestimmte Unternehmen oder ganze Wirtschaftszweige schützen und künstlich am Leben erhalten. Die staatliche Unterstützung von Opel würde immerhin 26 000 Arbeitsplätze erhalten, jedenfalls vorerst. Die staatliche Subventionierung von über 100 000 Bergleuten oder knapp einer Million Landwirten hat ebenfalls gute Gründe. Sie ist Teil einer politischen Vereinbarung, nach der wir den Strukturwandel nicht abrupt, sondern so schonend wie möglich gestalten.

Wir müssen uns aber klarmachen, was wir tun. Wir lassen bestimmten wirtschaftlichen Gruppen Vorteile zukommen, zu Lasten der Allgemeinheit wohlgemerkt, die sie aufgrund ihrer

Leistung für die Gesellschaft eigentlich nicht verdienen. Kohlekumpel und Bauern schaffen, obwohl sie etwas produzieren und dabei mindestens so hart arbeiten wie andere, keinen gesellschaftlichen Wohlstand. Im Gegenteil, sie verbrauchen ihn, denn die Subventionen, die sie erhalten, übersteigen den Wert dessen, was sie produzieren, bei weitem. Das ist ihnen nicht vorzuwerfen, denn sie können gar nicht anders. Aber: Jedem einzelnen von ihnen steht ein Maschinenbauer, Bankangestellter oder Softwarespezialist gegenüber, der durch seine Arbeit ihren Arbeitsplatz überhaupt erst möglich macht. Mit anderen Worten: Wir verwenden Mittel für etwas, das nicht mehr zum allgemeinen Wohlstand beiträgt, Mittel, die woanders besser, nämlich zum Nutzen der Allgemeinheit eingesetzt werden könnten. Wir verschwenden Kapazitäten und verhindern gleichzeitig notwendige Neuerungen.

Sinnvoller und sozialer ist es, neue, produktive Arbeitsplätze zu schaffen, solche also, die den allgemeinen Wohlstand erhöhen statt ihn zu verbrauchen.

Das klingt einleuchtend, aber wie entstehen solche Arbeitsplätze? Folgen wir weiter der marktwirtschaftlichen Logik. Wenn ein Arbeitsplatz nicht produktiv genug ist, wenn er also weniger erwirtschaftet als seine eigenen Kosten und einen Gewinn für den Unternehmer, dann gibt es grundsätzlich zwei Möglichkeiten, die Produktivität zu erhöhen. Entweder man senkt die Kosten, die der Arbeitsplatz verursacht, oder man stellt etwas her, das einen höheren Preis erzielt und so die Kosten deckt.

Betrachten wir zunächst die Senkung der Kosten. Die einfachste Möglichkeit ist die, den Lohn des Beschäftigten so weit zu senken, bis der Arbeitsplatz wieder produktiv ist. Theoretisch gut, praktisch und moralisch aber kaum möglich, denn der Lohn müsste unter Umständen auf das Niveau von Billiglohnländern fallen. Genau hier liegt das Problem Deutschlands in einer zunehmend globalisierten Welt. Wir müssen uns damit abfinden, dass viele Güter bei uns nicht mehr rentabel hergestellt werden können. Sie sind, vor allem wegen der hohen

Lohnkosten, schlichtweg zu teuer und damit nicht mehr wettbewerbsfähig.

Auch das ist, um es klar zu sagen, Normalität in einer Marktwirtschaft, und viele Industrien wie etwa die Uhren- oder die Bekleidungsindustrie haben sich aus diesem Grund schon vor Jahrzehnten mitsamt ihrer Arbeitsplätze aus Deutschland verabschiedet. Zum Leidwesen der Betroffenen, aber zum Nutzen der Allgemeinheit, denn Uhren und Bekleidung sind dadurch preiswerter geworden. So bedauerlich die Schließung des Bochumer Nokia-Werkes für die Beschäftigten ist, sie zeigt, dass Deutschland auf Dauer kein Standort für die Montage von Handys ist.

Die zweite Möglichkeit, die Kosten eines Arbeitsplatzes zu reduzieren, setzt nicht bei den Löhnen selbst an, sondern bei den sogenannten Lohnnebenkosten, also den Beiträgen für die Kranken-, Renten- und Arbeitslosenversicherung der Beschäftigten. Da die Unternehmen diese Beiträge zur Hälfte mitbezahlen müssen, stellen sie einen Kostenfaktor dar, der den Arbeitsplatz verteuert. Nun sind aber zumindest die Kranken- und Rentenversicherung nicht zwingend mit dem Arbeitsplatz verbunden. Wir haben sie nur, im Rahmen unserer sozialen Marktwirtschaft, aneinander gekoppelt. Das war auch solange nicht problematisch, wie die Arbeitsplätze hochproduktiv waren und genug erwirtschafteten. Leider tun sie das in vielen Bereichen heute nicht mehr. Wir sollten also darüber nachdenken, sie wieder zu entkoppeln, also die Unternehmen davon zu befreien und für die Arbeitnehmer neue Systeme der sozialen Sicherung zu entwickeln.

Das klingt zunächst nach einer einseitigen Entlastung für die Unternehmen. Machen wir uns aber klar, welche Folgen es hat: Die Kosten für einen Arbeitsplatz sinken, das heißt, die Unternehmen müssen weniger aufwenden, um ihn zu unterhalten. Sie können also ein Produkt, dessen Herstellung sich bisher nicht lohnte, möglicherweise wieder rentabel produzieren. Der Anreiz, Arbeitsplätze zu schaffen oder zu erhalten, steigt.

Die Kosten von Arbeitsplätzen zu senken, ist eine Möglichkeit, die Produktivität zu erhöhen. Effektiver und nachhaltiger als alle Kostensenkungen sind aber, so simpel es klingt, Wachstum und Fortschritt. Ständige Verbesserungen, Innovationen und Investitionen sind der beste Garant für neue, produktive Arbeitsplätze. Dies gilt umso mehr angesichts der ständig wachsenden Konkurrenz infolge der Globalisierung. Wenn wir unseren Wohlstand erhalten wollen, müssen wir unseren Vorsprung vor den anderen Ländern verteidigen, und dies können wir nur, wenn unsere Produkte und Dienstleistungen ständig so viel Verbesserungen und Innovationen enthalten, dass ihr höherer Preis gerechtfertigt ist.

Die Ressourcen, auf die wir hierfür zurückgreifen können, sind weder Rohstoffe noch billige Arbeitskräfte, sondern allein Bildung, Wissen und Ideen. Je stärker die Konkurrenz durch Billiglohnländer, je mehr wirtschaftliche Tätigkeiten also aus Deutschland verschwinden, desto wichtiger sind Ideen, Erfindungen und Neuentwicklungen. Nur durch sie und ihre Umsetzung in neue Produkte und Leistungen lässt sich unser Vorsprung verteidigen und unser Wohlstand aufrechterhalten.

Wachstum und Fortschritt sind die beste Arbeitsmarktpolitik, die es gibt. Wie erreichen wir das? Indem wir die Bedingungen dafür schaffen. Indem wir durch entsprechende Anreize dafür sorgen, dass Unternehmen, kleine wie große, gerne in Deutschland arbeiten, investieren, Ideen realisieren, etwas riskieren – und Arbeitsplätze schaffen. Indem wir also die Regeln so gestalten, dass wir ein tolles Spiel zu sehen kriegen. Arbeitsplätze um jeden Preis zu erhalten, gehört nicht dazu.

Der Erhalt von unrentablen Arbeitsplätzen verringert unseren Wohlstand

VI

Der Kapitalismus mutet dem Einzelnen zu viel zu

Firmenpleiten und Arbeitslosigkeit, Wettbewerb und Leistungsdruck, Unsicherheit und Risiko. Schöpferische Zerstörung schön und gut, aber ist es das wert? Ist ein solcher Preis für unseren Wohlstand nicht zu hoch? Sind derartige Belastungen den Menschen überhaupt zuzumuten?

Die Frage ist berechtigt, denn Marktwirtschaft ist in der Tat keine Schönwetterveranstaltung. Sie ist vielmehr mit großen Anstrengungen, ständigen Veränderungen und erheblichen Risiken verbunden. Gemäß dem Motto »Das Bessere ist der Feind des Guten« übt sie über den Wettbewerb einen ständigen Druck auf die Produzenten aus. Die Folgen sind zwar ständige Verbesserungen und Innovationen, aber eben auch Firmenzusammenbrüche, Betriebsstilllegungen und Entlassungen mit all ihren bitteren Konsequenzen. Die entscheidende Frage lautet also: Kann man die vom Strukturwandel Betroffenen derartigen Belastungen aussetzen?

Sehen wir uns hierfür die Vor- und Nachteile der Marktwirtschaft etwas genauer an. Sie zeigen sich nämlich auf sehr unterschiedliche Art und Weise. Die Vorteile fallen in der Regel in kleinen, unmerklichen und breit gestreuten Portionen an. Sie bestehen aus einer Unzahl winziger und ständiger Produktverbesserungen, Kostensenkungen und Innovationen, die wir im Einzelfall gar nicht wahrnehmen. In der Summe aber und über einen längeren Zeitraum hinweg bewirken diese kleinen Verbesserungen ungeheure Wohlstandssteigerungen. Unser Reichtum und unsere Lebensqualität sind also das Ergebnis eines langen, schrittweisen und unmerklichen Prozesses.

Ganz anders die Nachteile. Sie sind deutlich und unmittelbar spürbar, nämlich in Form drastischer Ereignisse wie Konkursen oder Entlassungen. Außerdem fallen sie ausgesprochen selektiv an, das heißt, sie betreffen einzelne Personen oder Gruppen, zum Beispiel die Mitarbeiter eines Betriebes, einer Branche oder einer Region. Und sie treffen diese in ihrer Existenz, denn sie werden sie nicht selten in die Arbeitslosigkeit entlassen.

Die Vorteile des Kapitalismus zeigen sich also leise und unmerklich, und sie betreffen alle, die Nachteile hingegen fallen laut und schmerzhaft aus, und sie treffen lediglich Einzelne und diese noch dazu besonders hart. Auch dieser Umstand dürfte erheblich zu der geringen Akzeptanz unseres Wirtschaftssystems beitragen, sind doch seine Nachteile nach außen viel deutlicher erkennbar als seine Vorteile.

Dennoch bleibt die Frage bestehen: Was rechtfertigt die erheblichen Belastungen, die dem Einzelnen innerhalb dieses Systems zugemutet werden? Anders formuliert: Unter welchen Bedingungen können Menschen, die im Zuge des Strukturwandels arbeitslos werden, also schwere persönliche Nachteile hinnehmen müssen, dennoch einem solchen System zustimmen?

Die Antwort ist klar: Der Strukturwandel muss durch sozialpolitische Maßnahmen abgefedert werden. Die Betroffenen dürfen nicht ihrem Schicksal überlassen werden, sondern müssen auch weiterhin an den Erfolgen der Marktwirtschaft beteiligt werden. Sie dürfen nicht in die gesellschaftliche Isolation geraten, sondern müssen trotz Arbeitslosigkeit weiter am allgemeinen Leben teilnehmen können.

Diese Forderung erfüllt der Kapitalismus vergleichsweise gut. Aufgrund seiner großen Effizienz ist es möglich, sehr umfangreiche Sozialsysteme zu schaffen und den Betroffenen ein hohes Maß an sozialer Sicherheit zu bieten. Dies geschieht nicht, wie manche glauben, aus humanitären Gründen, sondern weil die Betroffenen darauf einen Anspruch haben, einen Anspruch gegenüber der Allgemeinheit. Sie haben nämlich, zumindest theoretisch, ihre Zustimmung zum System nur unter der Bedingung gegeben, dass sie im Falle des Strukturwandels aufgefangen werden. Anderenfalls hätten sie nicht so leicht zugestimmt und würden möglicherweise ein nichtmarktwirtschaftliches System vorziehen, das ihnen zwar weniger Wohlstand, dafür aber mehr Sicherheit bietet.

Das bedeutet, Sozialsysteme sind kein Samaritertum, das der Staat großzügig gewährt und jederzeit wieder zurückziehen kann. Sozialsysteme sind eine Voraussetzung dafür, dass die Menschen dem System Marktwirtschaft trotz seiner Härten und Gefahren zustimmen können. Sozialsysteme sind eine Art Versicherung, die die Mitglieder der Gesellschaft abschließen, um die Risiken der Marktwirtschaft zu begrenzen. Sie sind daher auch nicht nur eine Kostengröße, sondern ein wichtiger Produktionsfaktor. Gezielt und wohldosiert eingesetzt ermutigen sie den Einzelnen zu langfristigen und risikoreichen Investitionen und sorgen so dafür, dass die Marktwirtschaft ihre Leistungsfähigkeit überhaupt erst entfalten kann.

Der Kapitalismus schützt den Einzelnen und ermutigt ihn zu Investitionen, die allen zugutekommen

3
Gerechtigkeit

Die große Mehrheit der Deutschen ist der Ansicht, dass es in unserem Land immer ungerechter zugehe und dass dafür vor allem der Kapitalismus verantwortlich sei. Die Reichen würden immer reicher, die Armen immer ärmer und die Ungleichheit in der Gesellschaft daher immer größer. Die Stärkeren setzten sich auf Kosten der Schwächeren durch, und der kleine Mann bleibe dabei auf der Strecke. Der Staat müsse daher wieder für mehr Gleichheit und Gerechtigkeit sorgen, und zwar durch Umverteilung von reich zu arm.

Abgesehen davon, dass es wahrscheinlich unmöglich ist, Einigkeit darüber zu erzielen, was gerecht und was ungerecht ist, wenden sich diese Vorwürfe an den falschen Adressaten. Der Kapitalismus ist unser Wirtschaftssystem, und die Aufgabe eines Wirtschaftssystems besteht darin, die Menschen mit vielen guten und preiswerten Produkten und Dienstleistungen zu versorgen, also möglichst großen Wohlstand für alle zu schaffen. Das kann der Kapitalismus, wie wir gesehen haben, ziemlich gut, aber mehr auch nicht. Eine gerechte Gesellschaft herstellen kann er nicht, und es ist auch nicht seine Aufgabe. Eine gerechte Gesellschaft herstellen kann nur die Politik. Sie legt fest, nach welchen Gesichtspunkten der erarbeitete Wohlstand verteilt wird und wer wie viel davon bekommt. Wie gerecht oder ungerecht eine Gesellschaft ist, entscheiden also wir, nicht der Kapitalismus.

Ein Wirtschaftssystem als gerecht oder ungerecht zu bezeichnen, ist ebenso unsinnig wie von einem moralischen Last-

Kapitalismus – eine Liebeserklärung. Ulrich Chiwitt

ISBN: 978-3-527-50551-7

wagen oder einer gerechten Bratpfanne zu sprechen. Die Begriffe gehören unterschiedlichen Kategorien an. Ein Wirtschaftssystem ist ein reines Mittel zum Zweck, ein Instrument, dessen sich die Menschen bedienen, um ihre Bedürfnisse zu befriedigen. Mehr nicht. Ein Wirtschaftssystem ist also moralisch neutral. Es kann gut oder schlecht, effizient oder ineffizient, nützlich oder weniger nützlich sein, aber nicht gerecht oder ungerecht.

Schon aus diesem Grund kann der Kapitalismus folglich nicht dafür verantwortlich sein, wie gerecht oder ungerecht es in einer Gesellschaft zugeht. Wir wollen aber dennoch klären, was es mit dem Vorwurf der Ungerechtigkeit auf sich hat, ob also der kleine Mann wirklich auf der Strecke bleibt oder die Kluft zwischen Arm und Reich tatsächlich immer größer wird. Wir werden in diesem Zusammenhang feststellen, dass die Ungleichheit im Kapitalismus eine ganz besondere Rolle spielt und dass Ungleichheit keineswegs auch Ungerechtigkeit bedeutet. Vor allem aber werden wir sehen, dass Umverteilung eine Gesellschaft nicht gerechter, sondern höchstens ärmer macht. Als Erstes aber wollen wir klären, was es mit der Gerechtigkeit selbst eigentlich auf sich hat.

I

Im Kapitalismus kommt die Gerechtigkeit zu kurz

Gerechtigkeit! Es gibt vermutlich nur wenig, was die Menschen mehr bewegt, was mehr Missbrauch erzeugt und zu mehr Blutvergießen geführt hat als das Wort Gerechtigkeit. Und es gibt wohl auch keinen Begriff, der bis heute so unklar, so inhaltsleer und so beliebig geblieben ist wie dieser. Mit dem Schlagwort »Gerechtigkeit« lässt sich bekanntlich alles begründen, einschließlich seines Gegenteils. Das gilt erst recht, wenn es mit seinem siamesischen Zwilling »sozial« daherkommt. Egal, was wir tun oder welche Folgen es hat, egal, ob wir es uns leisten können oder ob es den Menschen tatsächlich nützt, Hauptsache »sozial gerecht«.

Was heißt eigentlich gerecht? »Gerecht« bedeutet das dem Recht Gemäße, das Richtige, das Angemessene, das Gebührende. »Jedem das Seine« nannten es die Griechen und meinten damit, dass jedem das seiner Leistung Entsprechende zustehe. Einem Baumeister, der eine wichtige Wasserleitung konstruiert hatte oder einem Feldherrn, dem die Rettung vor dem Feind zu verdanken war, standen mehr Ehre, mehr Rechte und auch mehr Einkommen zu als anderen. Sie meinten »Jedem das Seine« und nicht »Jedem das Gleiche«.

Für viele, vor allem für viele Deutsche, bedeutet Gerechtigkeit heute in erster Linie Gleichheit, und zwar materielle Gleichheit. So halten es viele beispielsweise schon für ungerecht, wenn ein Busfahrer weniger verdient als ein Arzt oder dass manche Kinder Abitur machen und andere nicht. Selbst die natürliche Tatsache, dass Eltern ihren Kindern unterschiedliche Begabungen und Fähigkeiten mit auf den Weg geben, bereitet offensichtlich vielen bereits Probleme. Es scheint manchmal, als würden wir in unserem Gerechtigkeitswahn am liebsten alle Unterschiede beseitigen.

Das aber wäre ein Fehler, sogar ein großer, denn die Unterschiede machen uns nicht nur interessanter, sondern auch reicher, und zwar uns alle. Gleichheit ist nicht dasselbe wie Gerechtigkeit, und mehr Ungleichheit macht, wie wir noch sehen werden, eine Gesellschaft auch nicht ungerechter.

Es steht außer Frage, dass sich unsere Gesellschaft innerhalb der letzten Generation gewaltig verändert hat. Strukturwandel und Globalisierung haben uns mit neuen Problemen und Gefahren konfrontiert, die Lebensverhältnisse vieler Menschen haben sich zum Teil dramatisch verändert, soziale Errungenschaften sind bedroht oder werden eingeschränkt. Die Welt, vor allem die Arbeitswelt, scheint insgesamt ungemütlicher und unsicherer geworden zu sein.

Wahrscheinlich ist sie das tatsächlich, aber das bedeutet nicht, dass sie auch ungerechter geworden ist. Die Empfindungen und Ängste vieler Menschen sind, nicht selten durch Teile der Medien geschürt, von der Realität weit entfernt und haben sich inzwischen völlig verselbstständigt. Der Ruf nach Gerechtigkeit scheint daher auch weniger eine Reaktion auf die Wirklichkeit zu sein als vielmehr Ausdruck einer gewachsenen Angst vor sozialem Abstieg und einer Sehnsucht nach Sicherheit und Stabilität.

Es ist weder angemessen noch sinnvoll, bei jedem Problem oder Skandal gleich eine neue Armuts- oder Gerechtigkeitsdebatte zu eröffnen. Die private Zuzahlung zu Arzneimitteln, der Wegfall des 13. Monatsgehalts, längere Arbeitszeiten oder Einschränkungen bei den Sozialleistungen sind für die Betroffenen ohne jeden Zweifel unangenehm und mit Problemen verbunden, sie machen deshalb unsere Gesellschaft aber nicht ungerechter. Und wenn Kinder noch immer die Kleidung ihrer älteren Geschwister auftragen, so ist auch dies noch kein Indiz für eine neue Armut.

Viel näherliegend erscheint es hier, dass sich unsere Bewertungsmaßstäbe für Armut und Gerechtigkeit verändert haben. Wenn etwas, das vor 25 Jahren noch völlig normal war, heute bereits als Armut oder Ungerechtigkeit wahrgenommen wird, so hat doch offensichtlich nicht die Ungerechtigkeit, sondern unser Wohlstand zugenommen.

Wir sind offenbar nicht mehr in der Lage, beide Seiten einer Medaille zu sehen, sondern bemerken nur noch das Negative. Wir erkennen die Risiken, aber nicht die Chancen. Wir nehmen die Fehlentwicklungen, Probleme und Skandale wahr, aber nicht die Erfolge und Verbesserungen. Und ähnlich einseitig gehen wir auch bei der Ursachenforschung vor. Schuld sind die Politiker, die habgierigen Manager und der Kapitalismus sowieso. Die tatsächlichen Hintergründe und Zusammenhänge interessieren nicht.

So sehen wir beispielsweise nicht, dass das Gymnasium nichts Elitäres mehr hat, sondern zur Normalität für die Mittelschicht geworden ist. Wir sehen nicht, dass Frauen und Mädchen überall auf dem Vormarsch sind und ihre männlichen Kollegen auf vielen Gebieten sogar überholen. Wir sehen nicht, dass die Kriminalität insgesamt leicht zurückgeht oder die Integration von Ausländern in vielen Bereichen große Fortschritte gemacht hat.

Ebenso wenig nehmen wir die wirklichen Ursachen vieler Probleme zur Kenntnis. Wenn beispielsweise eine allein erziehende Mutter in Not gerät und auf staatliche Hilfe angewiesen ist, dann ist dafür alles Mögliche verantwortlich, zum Beispiel das veränderte Bindungsverhalten der Menschen, aber nicht der Staat und noch weniger der Kapitalismus.

Interessanterweise lassen wir uns von unserer Überzeugung auch dann nicht abbringen, wenn Wissenschaft und Statistik etwas ganz anderes berichten. Von ihnen erfahren wir nämlich, dass die Erwerbseinkommen in Deutschland gar nicht so ungleich verteilt sind und die Ungleichheit in anderen Industrieländern viel größer ist als bei uns. Noch interessanter ist es, dass die meisten Menschen, auch die Geringverdiener, die Einkommensverteilung in Deutschland zwar für ungerecht halten, ihr eigenes Einkommen aber als durchaus gerecht empfinden.

Und wir vergessen noch etwas: Unser Gerechtigkeitsempfinden ist eine äußerst labile, stimmungsabhängige und manchmal sogar irrationale Angelegenheit. Der Begriff »gefühlte Ungerechtigkeit« bringt genau das zum Ausdruck. So beklagten sich beispielsweise in einer Umfrage zum Thema Gerechtigkeit einige Teilnehmer darüber, dass man heute nicht mehr sicher mit der U-Bahn fahren könne, obwohl es in ihrer Stadt gar keine U-Bahn gab.

Unser Gerechtigkeitsverständnis weist aber noch eine weitere, überaus verhängnisvolle Tücke auf. Es weckt nämlich Hoffnungen, die niemand erfüllen kann. Keine Politik und keine Umverteilungsmaßnahme wird jemals alle Gerechtigkeitslücken schließen können. Im Gegenteil. Je mehr wir glauben und vorgeben, Gerechtigkeit herstellen zu können, desto größer die Erwartungen und desto größer auch die Enttäuschung über ihr Ausbleiben.

Abschied von der Gerechtigkeit

Brauchen wir also, ganz zugespitzt, die Vorstellung von der Gerechtigkeit immer und überall? Was tritt an ihre Stelle? Als ein gemeinsames Ziel lässt sich die Vorstellung von einer »guten Ordnung« entwickeln, die möglichst vielen Menschen möglichst große Chancen auf Entwicklung und Entfaltung bietet.

Allzu leicht gerät in Vergessenheit, dass Gerechtigkeit kaum ein eigenständiger Wert ist. Was haben wir von einer sozialen Gerechtigkeit der Verteilung, wenn alle arm sind und unfrei? Eine solche Nordkoreanisierung kann kein politischer, erst recht kein moralischer Fluchtpunkt sein.

Wenn es darum geht, Ressourcen für möglichst viele zu mehren, dann ist Ludwig Erhards »Wohlstand für alle« zweifellos eine geniale Formel gewesen. Freiheit, Wohlstand, Demokratie, nachhaltige Entwicklung in ökonomischer und ökologischer Hinsicht: Wenn wir diese Ziele verfolgen, spielt die Gerechtigkeit nicht mehr zwangsläufig eine zentrale Rolle.

Soziale Depression und Gerechtigkeitsromantik: Diese Kombination setzt eine Spirale in Gang, die nur abwärts führen kann. Wir können also mit Recht daran zweifeln, ob die Gerechtigkeit der höchste Wert ist, dem wir nacheifern sollten. Nehmen wir in diesem Sinne also Abschied von der Gerechtigkeit.

Paul Nolte

Es stellt sich also die Frage, ob es sinnvoll ist, in jedem Fall und ausschließlich Gerechtigkeit zum Maßstab aller Dinge zu machen. Vielleicht wären wir gut beraten, den Begriff aus der öffentlichen Diskussion zu verbannen. Er ist inhaltsleer und beliebig, er ist missbrauchbar, und er weckt Erwartungen, die nicht zu erfüllen sind. Kurz gesagt, er schadet mehr als er nützt.

Eine Gesellschaft, die sämtliche Ungleichheiten und Benachteiligungen auf ein Minimum reduziert hat, mag vielen als gerecht erscheinen, sie ist es aber nicht, denn sie verschwendet Wohlstandspotenziale, sie bietet keine Aufstiegsmöglichkeiten, sie blockiert die Fähigkeiten und Leistungsbereitschaft der Menschen, und sie schränkt die Freiheit ein. Gerecht ist dagegen eine Gesellschaft, die zwar ungleich ist, dadurch aber großen Wohlstand schafft, breite Chancen eröffnet, quasi jedem Aufstiegsmöglichkeiten bietet und vor allem die Armen besser stellt als andere Gesellschaften. Gerecht ist, wenn es allen besser geht, nicht allen gleich schlecht.

Der Kapitalismus ist das beste Mittel, eine gerechte Gesellschaft zu schaffen

II

Im Kapitalismus setzt sich der Starke durch, und der kleine Mann bleibt auf der Strecke

Dieser beliebte Vorwurf erscheint in unterschiedlichen Varianten, gemeint ist aber immer dasselbe. Im Kapitalismus gewinnen die Starken, Cleveren und Skrupellosen, und sie tun es auf Kosten der Allgemeinheit. Der Kapitalismus bietet den Großen und Reichen alle Chancen, und die anderen gehen leer aus. Mit anderen Worten: Der Kapitalismus ist ein Nullsummenspiel, bei dem der Gewinn des einen zugleich der Verlust des anderen ist.

Wie dumm dieser Vorwurf ist, lässt sich sehr leicht zeigen. Wäre er richtig, dann gäbe es so gut wie keinen Fortschritt, und wir befänden uns immer noch auf dem Niveau des Mittelalters, und zwar in jeder Hinsicht. Wir hätten weder die politischen noch die individuellen Freiheiten, die wir heute genießen, wir würden in einer Welt leben, in der Krieg oder gewaltsame Auseinandersetzungen an der Tagesordnung wären, und wir müssten auf fast alles verzichten, was unser heutiges Leben so angenehm macht. Mit anderen Worten: Es gäbe keine Demokratie, keine Sicherheit und keinen Wohlstand.

Erinnern wir uns. Im Kapitalismus wird das Einkommen des Einzelnen durch die allgemeine Nützlichkeit seiner Leistung bestimmt. Erfolgreich ist derjenige, der etwas anbietet, was für die Konsumenten, also für uns alle, wichtig und begehrenswert ist. Und je besser er das tut, desto größer sein Erfolg und natürlich auch sein Einkommen.

Erfolg im Kapitalismus entsteht also nicht auf Kosten, sondern zum Nutzen anderer. Wer in der Marktwirtschaft ein hohes Einkommen erzielt, hat dies nicht zu Lasten anderer, sondern zu deren Vorteil getan. Er hat niemandem etwas weggenommen, sondern etwas geschaffen und gegeben, nämlich mehr Wohlstand für alle. Darin bestand ja gerade die geniale Entdeckung Adam Smiths, und darin liegt bis heute die moralische Rechtfertigung des Kapitalismus. Das Verfolgen des Eigeninteresses schadet niemandem, sondern kommt allen zugute.

Es bleibt also niemand auf der Strecke. Wenn im Kapitalismus etwas auf der Strecke bleibt, dann sind es schlechte Produkte und Leistungen. Und das gilt für große Unternehmen genauso wie für einzelne Personen. Wenn ein Unternehmen über längere Zeit hinweg etwas anbietet, was niemand haben will, so wird es vom Markt verschwinden, und zwar zu Recht und zum Vorteil aller. Wenn ein Einzelner nichts anbieten kann oder will, was einen anderen interessiert, so wird er keine Arbeit finden. Aber selbst in diesen Fällen bleiben die Betroffenen nicht auf der Strecke, sondern werden von einem Sozialsystem aufgefangen, das ihnen ein angemessenes und menschenwürdiges Leben erlaubt und überdies die Chance gibt, etwas Neues zu versuchen. Die Kraft und Effizienz des Kapitalismus machen es möglich.

Der Kapitalismus dient dem kleinen Mann aber auch direkt und unmittelbar. Er schafft nämlich Arbeitsplätze, und zwar viele und gut bezahlte. Die kapitalistischen Industriegesellschaften bieten ihren Menschen Einkommen, Wohlstand und Sicherheit. Sie ermöglichen es ihnen, ein angenehmes Leben zu führen, ihren Lebensstandard zu verbessern, Zukunftsperspektiven zu entwickeln und Vorsorge für das Alter zu treffen. Zwar gehen durch den Strukturwandel regelmäßig Arbeitsplätze verloren, es entstehen aber auch immer wieder neue. Die Dynamik des Kapitalismus sorgt dafür, dass immer ein sehr großer Teil der Menschen ein relativ gutes und sicheres Auskommen hat.

Auch als Verbraucher profitiert in erster Linie der kleine Mann. In der Marktwirtschaft ist alles an seinen Bedürfnissen ausgerichtet, das heißt, die Hersteller orientieren sich an den Wünschen der Konsumenten. Das Angebot richtet sich also nach der Nachfrage, und nicht, wie im Sozialismus, die Nachfrage nach dem Angebot.

Da die Wünsche und Neigungen der Menschen sehr unterschiedlich und sehr vielfältig sind, ergeben sich entsprechend viele Möglichkeiten, diese zu erfüllen. Der Vielfalt der menschlichen Bedürfnisse bietet der Kapitalismus eine ebensolche Vielfalt an Mitteln, sie zu befriedigen. Das heißt, es gibt unendlich viele Möglichkeiten, seinen Lebensunterhalt damit zu verdienen, die Bedürfnisse anderer Menschen zu befriedigen. Im Kapitalismus haben sehr viele die Chance, mit ihren individuellen Fähigkeiten und Begabungen, und seien sie noch so speziell, etwas zu erreichen und Erfolg zu haben. Kein anderes System bietet dem Einzelnen so viele verschiedene Chancen und Alternativen.

Und das gilt gerade für die Kleinen. Ganz abgesehen davon, dass jeder Große einmal klein war, bietet die Vielfalt des Marktes gerade den Kleinen die Chance, Lücken und Nischen zu entdecken, auf die ein Großer niemals stoßen würde. Zwar werden viele Erfindungen und Entwicklungen in den Büros und Labors der großen Konzerne gemacht, mindestens genauso viel aber entsteht im Kleinen, also zu Hause, am PC, in der Werkstatt oder – wie bei Bill Gates – in der Garage. Freiheit und Markt erlauben es jedem, sein ganz spezielles Ding zu machen, also das zu tun, was seinen Interessen und Begabungen am ehesten entspricht.

Der Kapitalismus dient vor allem dem kleinen Mann

III

Im Kapitalismus verdienen manche einfach zuviel

Wenn die einen nicht wissen, wohin mit ihrem Geld, und andere gleichzeitig am Existenzminimum leben, dann kann etwas nicht stimmen. Wenn der Vorstandschef eines Unternehmens das 500-fache des Pförtners verdient oder ein Investmentbanker gar das 1000-fache seiner Putzfrau, dann ist das nicht nur ungerecht, sondern geradezu schamlos. Eine Gesellschaft, die so etwas zulässt, kann nicht gerecht sein.

Dieses Gefühl beschleicht gelegentlich selbst Zeitgenossen, die dem Kapitalismus grundsätzlich positiv gegenüberstehen. Kann die Leistung eines Menschen tausendmal mehr wert sein als die eines anderen? Eine schwierige Frage. Um Missverständnisse zu vermeiden, sollten wir zunächst klarstellen, worüber wir reden. Es geht nicht darum, dass Manager trotz miserabler Arbeit viel verdienen und unter Umständen sogar noch hohe Abfindungen erhalten. Das ist zwar ärgerlich, schadet aber nicht der Allgemeinheit, sondern lediglich den Eigentümern der Unternehmen, die diese Manager eingestellt haben. Uns geht es um die Frage, ob große Ungleichheit grundsätzlich unmoralisch ist und einer gerechten Gesellschaft entgegensteht.

Bleiben wir aber zunächst noch kurz bei den momentan so heftig gescholtenen Managern. Wenn ein Vorstandsvorsitzender durch seine Führung den Wert eines Unternehmens um mehrere Milliarden steigert und den Eigentümern dadurch große Vermögenszuwächse beschert, dann ist die Frage berechtigt, warum derjenige, dem dieser Erfolg zu verdanken ist, nicht auch einen entsprechenden Anteil daran haben soll. Wenn er dann noch mehrere tausend Mitarbeiter durch entsprechende Vergütungen am Erfolg des Unternehmens teilhaben lässt, dann erscheint die Frage noch berechtigter: Warum soll ein Manager, der durch seine unternehmerische Leistung Werte und Einkommen geschaffen hat, nicht 20 oder 30 Millionen Euro dafür erhalten? Die Mitarbeiter von Porsche jedenfalls gönnten ihrem Vorstandschef Wendelin Wiedeking die 60 Millionen Euro, die ihm das Unternehmen mehrere Jahre lang überwiesen hat.

Die Ablehnung hoher Einkommen gerade in Deutschland wird noch fragwürdiger, wenn man sich vergegenwärtigt, dass Sportler und Showstars teilweise ein Vielfaches der Spitzenmanager verdienen, ohne dafür auch nur im Geringsten kritisiert zu werden. Im Gegenteil, man gönnt es ihnen, und sie werden sogar zum Gegenstand des nationalen Stolzes. Die wenigsten kämen auf die Idee, ihr Einkommen mit dem anderer zu vergleichen. Für sie ist klar, dass sie sich in einem harten Wettbewerb durchgesetzt und etwas Besonderes geleistet haben.

Die Furcht vor zu großer Ungleichheit gilt also offenbar nicht grundsätzlich. Bei Michael Schumacher und Boris Becker, die als Einzelkämpfer nur für sich selbst verantwortlich sind, werden extrem hohe Einkommen anscheinend eher akzeptiert, sogar dann, wenn sie ihre Wohnsitze in Steuerparadiese verlegen. Ganz anders bei Unternehmern oder Topmanagern. Obwohl sie Milliardenwerte und großen gesellschaftlichen Wohlstand schaffen und dazu noch für Tausende von Mitarbeitern Verantwortung tragen, misst man ihre Einkommen nicht an der Leistung, die dahinter steht, sondern vergleicht sie mit denen von Durchschnittsverdienern. Ziemlich verrückt! Wir Deutschen haben, was die Wirtschaft angeht, offensichtlich große Probleme mit der Ungleichheit. Das ist sehr schade, denn gerade dort ist sie äußerst nützlich.

Im Kapitalismus spiegeln die Einkommen den Beitrag zum allgemeinen Wohlstand wider

IV

Im Kapitalismus wächst die Kluft zwischen Arm und Reich

Eine Bemerkung vorab: Großverdiener wie Josef Ackermann, Michael Schumacher oder Dieter Bohlen sind kein Indiz dafür, dass eine Gesellschaft besonders ungleich ist. Ihr Einkommen oder Vermögen mag zwar großes öffentliches Interesse und auch viele Gemüter erregen, Aussagen über die soziale Struktur eines Landes lassen sich aus ihnen trotzdem nicht ableiten.

Dass Unterschiede bestehen, auch große Unterschiede, ist unbestritten. Unterschiede sind aber nicht nur völlig normal, sie sind auch, wie wir noch sehen werden, äußerst wichtig. Tatsache jedenfalls ist, dass die Ungleichheit in Deutschland längst nicht so groß ist, wie es uns manche glauben machen wollen. Es gibt bei uns nach wie vor keine auffällig große Kluft zwischen Arm und Reich, und es gibt auch keine Massenverelendung.

Schauen wir uns ein paar Zahlen an. Die reichsten 20 Prozent der Deutschen verdienen etwa dreieinhalb Mal so viel wie die ärmsten 20 Prozent. Das erscheint nicht übertrieben, wenn man bedenkt, dass sie im Schnitt eine längere Ausbildung hinter sich haben, wahrscheinlich mehr gearbeitet, investiert oder riskiert haben und vielleicht auch ein bisschen klüger sind als andere. Der Anreiz, das Dreieinhalbfache zu verdienen, ist längst nicht so groß, dass jeder dafür die zusätzlichen Mühen und Risiken auf sich nehmen würde.

Deutschland liegt mit diesem Verhältnis ungefähr im Durchschnitt der westlichen Industrieländer. In Skandinavien herrschen etwas geringere Unterschiede bei den Einkommen, die meisten europäischen Länder, darunter Frankreich, Holland, Österreich und die Schweiz, tolerieren dagegen sogar größere Unterschiede.

Ein Zehntel der Deutschen gilt als reich, ein weiteres Zehntel als arm, und die restlichen 80 Prozent liegen mit ihrem Einkommen zwischen 50 und 150 Prozent des Mittelwertes. Eine solche Verteilung lässt eher einen sozialistischen Idealstaat vermuten als eine tief gespaltene Klassengesellschaft.

Ebenso wenig findet eine Massenverelendung statt, wie sie von einigen gerne an die Wand gemalt wird. Die Verteilung der Einkommen ist in den letzten Jahrzehnten trotz der großen Veränderungen und trotz aller Unkenrufe erstaunlich stabil geblieben. Die Ungleichheit bei den Einkommen hält sich also in Deutschland ziemlich in Grenzen.

Einkommen und Gerechtigkeit

Schon heute ist das Einkommen gerecht verteilt. Es besteht kein weiterer Handlungsbedarf. Deutschland kann die Verteilungsdebatte ruhen lassen und sich in den nächsten Jahrzehnten auf mehr Wachstum und Wohlstand konzentrieren. Das kommt allen Schichten zugute; Arm und Reich driften nicht auseinander. Falls es wider Erwarten doch geschieht, ist es noch früh genug für eine Neuauflage der Umverteilung.

Christoph Keese

Etwas anders sieht es bei der Verteilung der Vermögen aus. Das oberste Zehntel der Bevölkerung besitzt mehr als 50 Prozent aller Vermögen in Deutschland, die untere Hälfte dagegen nur 4 Prozent. Das scheint eine sehr ungleiche Verteilung zu sein, Deutschland liegt aber auch hier unter den reichen Industrienationen auf einem Mittelplatz. Weltweit gesehen, also unter Einrechnung aller Länder der Erde, ist die Verteilung der Vermögen noch viel ungleicher.

So ungleich das Vermögen aber auch verteilt sein mag, es spielt gar keine so entscheidende Rolle. Abgesehen von sehr großen Vermögen kann man von ihm nämlich nicht leben, jedenfalls nicht lange. Viel wichtiger ist das Einkommen, also ein regelmäßiger Zufluss an neuem Geld, das die Grundlage für das tägliche Leben darstellt und mit dem man halbwegs verlässlich planen kann. Viel sinnvoller und viel gerechter sind daher produktive und zukunftsträchtige Arbeitsplätze.

Der Abstand zwischen Arm und Reich ist also in Deutschland längst nicht so groß wie in anderen Ländern. Selbst in Entwicklungsländern ist diese Kluft wegen der großen Armut der Armen oft deutlich größer als bei uns. Vor allem aber ist der Unterschied zwischen Arm und Reich gar nicht so ungerecht wie es zunächst scheint. Es gibt nämlich, wie wir gleich sehen werden, einen interessanten Zusammenhang zwischen Ungleichheit und Wohlstand.

Die Einkommensstruktur im Kapitalismus ist längst nicht so ungleich wie vermutet

V

Zu viel Ungleichheit ist ungerecht

Wir tun uns schwer mit der Ungleichheit, jedenfalls im Wirtschaftsleben. Wir lehnen eine Gehaltserhöhung um fünf Prozent ab, wenn unser Kollege gleichzeitig zehn Prozent mehr bekommen soll. Wir wollen lieber einen gleichen Lohn, selbst wenn dieser niedriger ist und wir dadurch einen Nachteil erleiden. Ungleichheit scheint ein Synonym für Ungerechtigkeit zu sein. Der Kabarettist Dieter Nuhr drückt das etwas drastischer aus: »Der Mensch will ja nicht, dass es ihm gutgeht, er will, dass es ihm besser geht. Der Mensch kann knietief im Dreck stecken, das ist ihm völlig wurst, wenn er dem anderen bis zum Hals steht.«

So übertrieben es klingt, aber hier liegt das Kernproblem der deutschen Gerechtigkeitsdebatte. Unser Gerechtigkeitsverständnis verhindert die Diskussion darüber, ob es nicht etwas Wichtigeres geben könnte als Gleichheit.

Sehen wir uns die Sache genauer an. Wieso entsteht überhaupt Ungleichheit? Erinnern wir uns an die Funktionsweise der Marktwirtschaft. Der Erfolg des Einzelnen hängt im Kapitalismus von seiner Fähigkeit ab, die Bedürfnisse seiner Mitmenschen zu befriedigen. Da die Menschen sehr unterschiedliche Fähigkeiten besitzen, führt ein freier Markt zwangsläufig zu sehr unterschiedlichen Einkommen. Wirtschaftliche Freiheit schafft also automatisch Ungleichheit.

Eine solche Ungleichheit mag vielen als ungerecht erscheinen, sie ist aber Voraussetzung dafür, dass überhaupt Wohlstand entstehen kann. Ohne Ungleichheit keine Entwicklung. Ohne die Möglichkeit, die vielen unterschiedlichen Fähigkeiten und Begabungen der Menschen zur Entfaltung kommen zu lassen, keine Vielfalt, kein Fortschritt und kein Wachstum. Ohne die Chance, die eigenen Fähigkeiten, Anstrengungen und

Risiken auch belohnt zu sehen, keine Investitionen, keine Unternehmen, keine Wirtschaft.

Ungleichheiten nehmen zu, und sie nehmen auch wieder ab. In Zeiten technischer Revolutionen nehmen sie besonders stark zu. Die Erfinder neuer Technologien, aber auch ihre mutigen Geldgeber erhalten nämlich den Lohn für ihre Leistung und Risikofreude, und zwar in Form außergewöhnlich hoher Einkommen. Das war zur Zeit der ersten Eisenbahnen nicht anders als bei der Erfindung des Films oder zu Beginn des Internetzeitalters. Das ist aber keineswegs ungerecht, denn wer viel riskiert und Produkte auf den Markt bringt, die jeder haben möchte, muss dafür belohnt werden. Ansonsten würde er es nicht tun, und unser aller Wohlstand wäre geringer.

Man kann in diesem Zusammenhang darüber diskutieren, ob es moralisch vertretbar ist, wenn Einzelne auf diese Weise zweistellige Milliardenvermögen ansammeln. Wir sollten uns dabei aber nicht von falschen romantischen Vorstellungen leiten lassen. Eine 90-prozentige Besteuerung solcher Einkommen und die anschließende Verteilung des Geldes an die Armen würde, auch wenn es viele glauben, die Welt nicht gerechter machen. Abgesehen davon, dass eine derartige Besteuerung die Betroffenen wohl kaum zu weiteren wirtschaftlichen Aktivitäten anregen würde, hat die Erfahrung gezeigt, dass das Wiederinvestieren dieses Geldes in neue zukunftsträchtige Technologien und Wirtschaftszweige für alle vorteilhafter ist als ein einmaliger Schub für den Konsum. Arbeitsplätze sind nämlich besser als Geschenke.

Die Ungleichheit, die auf diese Weise entsteht, ist also von großem Nutzen für die Allgemeinheit. Sie schafft Wohlstand, der allen, also auch den Armen zugutekommt. Genau hier liegt im wahrsten Sinne des Wortes »die Moral von der Geschicht'«. Ungleichheit ist nämlich dann moralisch gerechtfertigt, wenn die Ärmsten der Gesellschaft durch die Ungleichheit besser gestellt sind als in einer Gesellschaft mit mehr Gleichheit. Eine Gesellschaft mit großer Ungleichheit ist gerechter als andere, wenn es ihren Armen besser geht als den Armen in anderen Gesellschaften.

Machen wir uns klar, was das bedeutet. Der Maßstab für Gerechtigkeit ist nicht mehr der Unterschied zwischen Arm und Reich, sondern allein die Situation der Armen. Gerecht oder ungerecht wird nicht mehr daran gemessen, wie gleich oder ungleich eine Gesellschaft ist, sondern wie gut es den jeweils Schlechtestgestellten geht. Ungleichheit wird also in Kauf genommen, wenn dadurch die Situation der Armen verbessert wird. Vielleicht sollten wir uns einfach weniger um den Reichtum der Reichen und mehr um die Armut der Armen kümmern. Durch unser verzweifeltes Streben nach Gerechtigkeit verringern wir vielleicht den Reichtum der Reichen, aber nicht die Armut der Armen.

Ungleichheit und Armut

»Ich weiß, das klingt für jeden Europäer schockierend. Aber die Ungleichheit bei der Wohlstandsverteilung interessiert mich nicht im Geringsten. Was für mich zählt, ist nicht Ungleichheit, sondern Armut, und was wir tun können, damit jeder die Chance hat, dieser zu entkommen.«

Glenn Hubbard

»Nicht auf den Abstand achten, sondern den Armen helfen.« Offensichtlich fahren die Amerikaner mit dieser Methode nicht schlechter als wir. Obwohl in der amerikanischen Gesellschaft größere Ungleichheit herrscht, ist die Armut, sehr zur Überraschung der meisten Deutschen, dort keineswegs größer. Einer Studie der OECD zufolge beträgt die Quote derjenigen, die weniger als 50 Prozent des Durchschnittseinkommens verdienen und damit nach offizieller Definition arm sind, in den Vereinigten Staaten 19,5 Prozent, in Deutschland 26,5 Prozent. Diese Zahlen beschreiben die Situation vor der Umverteilung durch den Staat. Nach der Umverteilung liegen die Deutschen bei 10,2 Prozent Armen, die Amerikaner bei 14,2 Prozent.

Was heißt das? Während wir mit viel Geld und einem riesigen Umverteilungsapparat mühsam versuchen, Gerechtigkeit herzustellen, vertrauen die Amerikaner lieber den Kräften des Marktes, um auch die Armen in Lohn und Brot zu bringen, und erreichen damit ein besseres Ergebnis als wir. Die Finanzen der Armen verbessern, egal wie viel die Reichen verdienen! Ist das ungerecht?

Ungleichheit ist die Voraussetzung für den Wohlstand aller

VI

Die Reichen müssen abgeben!
Ohne Umverteilung keine gerechte Gesellschaft

Stimmt! Die Reichen müssen abgeben. Und das tun sie auch, und zwar reichlich. Die reichsten 10 Prozent der Deutschen zahlen allein mehr als 50 Prozent der gesamten Einkommensteuer, die reichsten 20 Prozent 70 Prozent, und die reichere Hälfte der Bevölkerung bestreitet das gesamte Steueraufkommen. Die steuerliche Belastung der oberen zehn Prozent der Steuerzahler liegt zwischen 50 und 55 Prozent, das heißt, sie müssen mehr als die Hälfte ihres Einkommens abgeben. Es findet also eine Umverteilung statt, und zwar eine gewaltige.

Eine andere Frage ist, ob durch die bestehende Umverteilung auch tatsächlich eine gerechtere Gesellschaft entsteht. Unsere Erfahrung spricht dagegen.

Wir haben in der Einleitung zu diesem Kapitel gehört, dass der Kapitalismus zwar den Wohlstand produziert, seine Verteilung aber durch den Staat geregelt wird. Wir lassen also bei der Herstellung des Wohlstands die Gesetze des Marktes wirken, glauben aber gleichzeitig, diese bei seiner Verteilung völlig außer Acht lassen zu können. Mit anderen Worten: Wir gehen davon aus, dass jedes Jahr ein bestimmter unveränderlicher Betrag zu Verfügung steht, der nach Belieben verteilt werden kann. Wir vergessen völlig, dass dieser Betrag keineswegs eine feste Größe ist, sondern von vielen Faktoren abhängt, und dass einer dieser Faktoren die Art seiner Verteilung ist.

Hier liegt das entscheidende Missverständnis in der öffentlichen Debatte. So schwer der Gedanke vielen auch fällt, aber der Kuchen, der zur Verteilung ansteht, ist keine feste, unveränderliche Größe. Es gibt keine bestimmte Menge an Wohlstand, die es nur zu verteilen gilt. Genau so wenig, wie es eine begrenzte Menge an Lebensmitteln oder ein bestimmtes Maß an Bildungschancen gibt, die nur anders verteilt werden müssen. Was man an der einen Stelle wegnimmt, taucht deshalb an anderer Stelle noch lange nicht wieder auf.

Jeder Eingriff in die Aufteilung des Kuchens hat Auswirkungen auf seine Größe. So überraschend das für manche klingt, so logisch ist es. Wenn die Menschen das Gefühl haben, trotz eines ordentlichen Beitrags zum Kuchen vergleichsweise wenig davon abzubekommen, dann werden sie ihren künftigen Beitrag überdenken. Wenn die Belohnung für die Leistung zu gering ausfällt, dann hat das Einfluss auf die Leistung. Dann reduziert man sie nämlich, man verlegt sie in ein anderes Land, man erbringt sie außerhalb der Legalität oder man unterlässt sie ganz.

Wenn ein Unternehmer das Gefühl hat, dass sich das Engagement und das Risiko angesichts hoher Abgaben nicht mehr lohnen, dann wird er möglicherweise einen Gang herunterschalten, die eine oder andere Investition nicht vornehmen oder seinen Betrieb in ein anderes Land verlegen. Vielleicht wird er sich auch auf dem bisher Erreichten ausruhen und vorzeitig in den Ruhestand gehen. Für den Unternehmer mag das gut sein, für den Kuchen nicht.

Wenn ein Arbeitnehmer aufgrund seines Einsatzes eine Gehaltserhöhung erhält, dadurch in die nächsthöhere Steuerklasse aufrückt und dann feststellen muss, dass netto kaum mehr übrig bleibt als zuvor, dann wird er sich fragen, ob seine Anstrengung die Mühe lohnt und ob ihm Familie und Freizeit nicht wichtiger sind. Schön für die Familie, für den Kuchen nicht.

Dass dies nicht nur in der Theorie so ist, zeigen längerfristige empirische Untersuchungen. Gesellschaften, die stark umverteilen, wie zum Beispiel Deutschland, erreichen dadurch keine gleichmäßigere Einkommensverteilung. Stattdessen werden vor allem die mittleren Einkommensschichten begünstigt, und zwar zu Lasten der ärmeren und der reicheren. Volkswirtschaften hingegen, in denen weniger umverteilt wird, haben in der Regel nicht nur ein höheres Wohlstandswachstum, sie erreichen interessanterweise auch eine gleichmäßigere Einkommensverteilung.

Und noch etwas ist interessant. Ein Vergleich hat gezeigt, dass sozialistische Gesellschaften aufgrund der zahlreichen nicht-geldlichen Vorteile der Partei- und Führungskader deutlich größere Einkommensunterschiede aufweisen als marktwirtschaftlich organisierte.

Es gibt also etwas Besseres als Umverteilung, wenn man die Situation der Armen verbessern will: Wirtschaftswachstum und Fortschritt. Der Wachstumsprozess in erfolgreichen Marktwirtschaften ruft einen Strom von Neuerungen und Verbesserungen hervor, die immer neue wirtschaftliche Möglichkeiten eröffnen. Nicht nur für die Konsumenten, sondern auch für die Produzenten, einschließlich der Arbeitnehmer. Wirtschaftlicher Fortschritt stellt alle besser, auch die Ärmeren und weniger Erfolgreichen. Und zwar in jeder Hinsicht. Er verbessert ihre Konsummöglichkeiten, und er erhöht ihre Einkommenschancen.

Umverteilung

Die riesige staatliche Umverteilungsmaschine kann ein bis zwei Gänge heruntergeschaltet werden. Mit seiner Politik versucht Deutschland nur, die Folgen des mangelnden Wachstums und des überbordenden Sozialstaats zu heilen, allerdings ohne durchschlagenden Erfolg. Der Sozialstaat verbrennt Geld, das in Forschung, Bildung und Infrastruktur gehört und dort helfen könnte, einen Boom auszulösen, der viel effektiver Gerechtigkeit herstellt als die Umverteilung.

Christoph Keese

Fassen wir zusammen: Umverteilung, von vielen noch immer als der Weg zu gesellschaftlicher Gerechtigkeit angesehen, erfüllt diesen Zweck in Wahrheit nicht. Sie schafft weder mehr Gleichheit noch mehr Gerechtigkeit, sondern nur mehr Armut. Ob es manchen gefällt oder nicht, aber den Reichen ihren Reichtum wegzunehmen, macht die Armen nicht weniger arm. Im Gegenteil, es verringert den Wohlstand aller und damit auch den der Armen. Was immer also eine Gesellschaft gerechter machen mag, Umverteilung gehört nicht dazu. Marktwirtschaft und Wettbewerb sind solidarischer als Teilen.

Umverteilung macht die Gesellschaft nicht gerechter, sondern alle ärmer

4
Freiheit und Demokratie

Dass Freiheit und Demokratie eng zusammenhängen, haben wir im ersten Kapitel gesehen. Freie Wahlen, Meinungs- und Pressefreiheit, freie Wahl des Wohnortes oder des Arbeitsplatzes, Gewerbefreiheit, wirtschaftliche Freiheit, freier Markt – Freiheit ist unübersehbar ein zentraler Begriff der Demokratie.

Entgegen einer weit verbreiteten Ansicht bedeutet Freiheit aber keineswegs, tun und lassen zu können, was man will. Uneingeschränkte Freiheit ohne Rücksicht auf die Interessen anderer führt zum Recht des Stärkeren und damit zu Willkür, Gewalt und Chaos. Die Freiheit des Einzelnen endet daher immer an der Nasenspitze des anderen.

Das gilt auch für die wirtschaftliche Freiheit. Auch sie hat dort ihre Grenzen, wo sie die Freiheitsrechte anderer beschneidet, seien es die der Konkurrenz, der Mitarbeiter, der Konsumenten oder der Gesellschaft selbst.

Wir wollen im folgenden Kapitel das Verhältnis von Freiheit, Macht und Kapitalismus etwas genauer betrachten. Wie ist es um die individuelle, die unternehmerische und die gesellschaftliche Freiheit innerhalb der Marktwirtschaft bestellt?

Kapitalismus – eine Liebeserklärung. Ulrich Chiwitt

ISBN: 978-3-527-50551-7

I

Der Kapitalismus bedroht die Freiheit des Einzelnen

Der Kapitalismus führt zur Unterordnung des Menschen unter die Regeln und Interessen des Kapitals. Die in alle Lebensbereiche vordringende kapitalistische Wirtschaft vereinnahmt den Einzelnen immer mehr und lässt die persönlichen Handlungsspielräume immer kleiner werden. Der Kapitalismus reduziert die Freiheit auf die Freiheit zu kaufen und macht den Einzelnen zu einem funktionierenden Rädchen im System. Kapitalismus und individuelle Freiheit schließen einander aus, denn der Kapitalismus braucht willige und unkritische Konsumenten.

Na also! Der Kapitalismus als anonyme und bedrohliche Macht, die den Einzelnen völlig vereinnahmt und jede persönliche Freiheit und Individualität erstickt. Auch wenn solche Beschreibungen den einen oder anderen Kapitalismuskritiker noch immer in Begeisterung versetzen, mit der Wirklichkeit haben sie nichts zu tun. Sowohl unsere Erfahrung als auch die Logik der Marktwirtschaft zeigen das Gegenteil.

Schauen wir uns zunächst die aktuelle Wirklichkeit an. Niemals zuvor war die persönliche Freiheit des Einzelnen so groß wie in den heutigen kapitalistischen Demokratien. Unabhängigkeit von Willkür, besonders von staatlicher, nahezu unbegrenzte Mobilität, riesige Auswahlmöglichkeiten hinsichtlich Beruf, Wohnort, Konsum oder Lebensführung, die Chance, sich persönlich zu entfalten und Individualität zu entwickeln, das Recht, kritische und unpopuläre Meinungen zu äußern, ja sogar die Freiheit, sich der Gesellschaft ganz zu entziehen und irgendwo ein Einsiedlerdasein zu führen. Freiheit und Individualismus sind in den westlichen Demokratien so ausgeprägt, dass sie von anderen Kulturen bereits als unsozial und unmoralisch kritisiert werden.

Es kann keinen Zweifel geben: Der moderne Kapitalismus hat den Menschen befreit, nämlich aus der Not und den Zwängen früherer Gesellschafts- und Wirtschaftssysteme. Eingebunden in engste wirtschaftliche Verhältnisse, die gerade mal die Existenzsicherung erlaubten, hatte der Einzelne so gut wie keine Alternativen. Selbst Marx konnte nicht umhin, den Kapitalismus für diese Befreiungstat ausdrücklich zu loben. Erst die Marktwirtschaft eröffnete den Menschen die Möglichkeit der Auswahl. Zum ersten Mal konnten sie sich entscheiden zwischen unterschiedlichen Berufen oder Arbeitgebern, zwischen verschiedenen Wohnorten oder den Alternativen, selbstständig oder angestellt zu sein.

Diese neue Entscheidungsfreiheit blieb auch nicht lange auf das Wirtschaftliche begrenzt, sondern stellte sich nach und nach auch auf sozialem und politischem Gebiet ein. Der wirtschaftlichen Freiheit folgt nämlich, wie wir noch sehen werden, in aller Regel auch die politische. Der mittelalterliche Grundsatz »Stadtluft macht frei« bringt genau diesen Zusammenhang zum Ausdruck. Ein Unfreier, der eine gewisse Zeit in der Stadt gelebt hatte, konnte danach von seinem Grundherrn nicht mehr zurückgefordert werden und wurde ein freier Stadtbewohner, mit entsprechenden Rechten und neuem Selbstbewusstsein.

Auch theoretisch und logisch wird sofort klar, dass von einer Beschränkung der individuellen Freiheit im Kapitalismus keine Rede sein kann. Seit Adam Smith wissen wir, dass Länder, die ihren Bürgern viele Freiheiten bei ihren wirtschaftlichen Tätigkeiten einräumen, einen höheren Wohlstand genießen als diejenigen, die dies nicht tun. Und wir wissen auch, warum. Je größer die Freiheit, desto größer das Angebot und desto größer der Wohlstand.

Beide, Kapitalismus und Demokratie, basieren auf demselben Grundgedanken: der Freiheit des Individuums. Begriffe wie freie Marktwirtschaft, Vertragsfreiheit, Freiheit der Berufsausübung, aber eben auch der Rechtsstaat, der diese Freiheiten ausdrücklich schützt, sind Ausdruck eben dieser Freiheit. Sie ist notwendige Voraussetzung dafür, dass der Kapitalismus seine Vorzüge überhaupt entfalten kann. Würde er sie einschränken, so würde er sich selbst seiner wichtigsten Grundlage berauben.

Das ist auch der Grund, warum Vertreter einer freien Marktwirtschaft staatliche Eingriffe in die Wirtschaft möglichst gering halten wollen. Sie betrachten sie, und seien sie sozial noch so gut gemeint, als eine Störung des natürlichen Ablaufs der Wirtschaft und damit als eine Behinderung der Wohlstand schaffenden Kräfte des Marktes. Unsere soziale Marktwirtschaft halten sie für eine Verschwendung von Ressourcen, die sich zum Schaden aller auswirkt und damit eben gerade nicht sozial ist.

Marktwirtschaft, so die Argumentation der Wirtschaftsliberalen, ist an sich sozial, also auch ohne vermeintlich soziale Eingriffe, nämlich aufgrund ihrer Fähigkeit, großen Wohlstand für alle zu schaffen. Die vielen Regulierungen, Beschränkungen und sonstigen Eingriffe des Staates führen, so ihr Einwand, insgesamt zu schlechteren Ergebnissen, sodass es am Ende für alle weniger zu verteilen gibt. Mit anderen Worten: Je mehr Einschränkungen, desto geringer der soziale Nutzen.

Es mag überraschen, aber nicht viel anders sahen das auch die Väter unserer sozialen Marktwirtschaft. Der Markt an sich ist sozial genug, so ihr Credo, und der Staat sollte wirklich nur im Notfall eingreifen. Ludwig Erhard, der momentan von vielen gerne für den Erhalt unserer heutigen sozialen Marktwirtschaft in Anspruch genommen wird, würde sich ganz energisch dagegen verwahren. Eine Marktwirtschaft mit derart vielen Eingriffen in die wirtschaftliche Freiheit war das Letzte, was er sich vorgestellt hatte. Denn auch ihm war eines klar: Ohne individuelle Freiheit läuft im Kapitalismus gar nichts.

Kapitalismus braucht und fördert die Freiheit

II

Zu viel Kapitalismus gefährdet die Demokratie

Nicht nur für die individuelle Freiheit wird der Kapitalismus von vielen als Gefahr angesehen, sondern auch für die gesellschaftliche. »Der Kapitalismus tötet die Demokratie« oder »Der Turbokapitalismus untergräbt unsere freiheitlich-demokratische Grundordnung«. Spätestens seit der Finanzkrise kann das antikapitalistische Herz wieder richtig jubeln. Schließlich hat man es immer schon gewusst: Kapitalismus und Demokratie passen nicht zusammen. Demokratie beruht auf Gleichheit, Kapitalismus auf Ungleichheit. Demokratie steht für den Schutz des Schwächeren vor dem Stärkeren, Kapitalismus für den Sieg des Stärkeren über den Schwächeren. Aus diesem Grund ist der Kapitalismus auch bestens mit der Sklaverei zu vereinbaren.

Halten wir uns auch hier wieder an die Realität. Und die ist eindeutig. Alle Demokratien sind kapitalistisch. Alle wirtschaftlich erfolgreichen Staaten dieser Erde sind demokratisch verfasst, das heißt, sie bieten ihren Bürgern nicht nur wirtschaftliche, sondern auch politische Freiheit. Und: Die ärmsten Staaten der Welt sind fast ausschließlich keine Demokratien. Sagen wir es ruhig deutlicher: Der Zusammenhang zwischen Demokratie und Kapitalismus ist genauso unübersehbar wie der zwischen Diktatur und Armut.

Natürlich ist das kein Zufall. Wir wissen, dass wirtschaftlicher Erfolg und gesellschaftlicher Wohlstand nur in einer Marktwirtschaft möglich sind. Wir wissen aber auch, dass Marktwirtschaft klare Regeln innerhalb eines gesetzlichen Rahmens braucht, um zu funktionieren. Hierzu gehören vor allem wichtige Freiheitsrechte wie die Vertragsfreiheit, Reisefreiheit, der Schutz des Privateigentums und eine unabhängige Justiz,

Rechte also, ohne die vernünftiges Wirtschaften gar nicht möglich ist. Die Erfahrung zeigt, dass Demokratien solche Freiheitsrechte deutlich besser garantieren können als totalitäre Systeme. Deutlicher formuliert: Diktaturen werden sich hüten, ihren Bürgern derartige Freiheiten einzuräumen.

Damit kein Missverständnis entsteht: Wenn Adam Smith vom »Nachtwächterstaat« spricht, dann bezieht sich dies ausschließlich auf das Eingreifen des Staates in die Wirtschaft. Was die Sicherung der Freiheitsrechte angeht, so hatte Smith ganz und gar nichts gegen einen starken Staat. Er hielt ihn sogar für absolut notwendig, um die Freiheitsrechte zu schützen und durchzusetzen. Aus diesem Grund ist auch die Behauptung unsinnig, der Kapitalismus wolle einen schwachen Staat, damit die Unternehmen machen könnten, was sie wollen. Der Kapitalismus braucht einen starken Staat, denn nur der kann die Regeln durchsetzen.

Eines steht also fest: Wenn Demokratie, dann Kapitalismus. Leider gilt dieser Schluss nicht auch umgekehrt, jedenfalls nicht zwingend. Es gibt nichtdemokratische Länder, die – zumindest teilweise – kapitalistisch sind. China, zweifellos eine Diktatur, hat zwar in einigen Bereichen seiner Wirtschaft kapitalistische Strukturen eingeführt, ist aber noch weit entfernt davon, eine Marktwirtschaft zu sein. Die Organisation der Wirtschaft liegt zum großen Teil nach wie vor in den Händen des Staates, der noch immer entscheidenden Einfluss darauf hat, was und wie produziert wird. Vor allem aber fehlen natürlich jene Freiheitsrechte, die den Einzelnen vor staatlicher Willkür schützen.

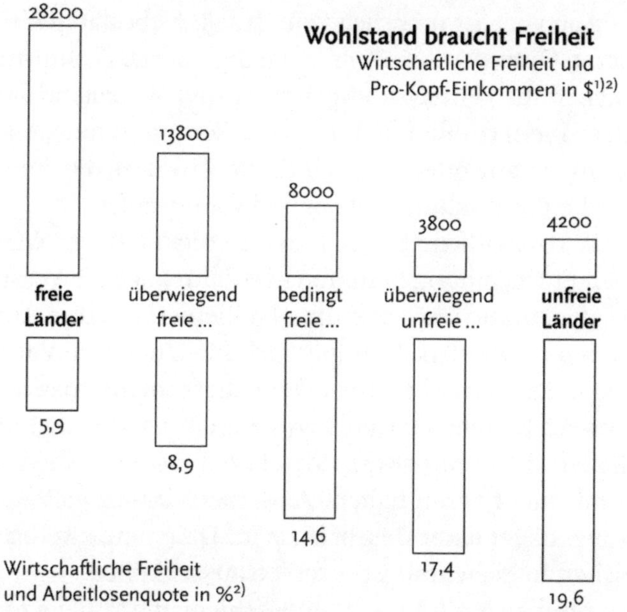

1) Jährliches Bruttoinlandsprodukt 2007 (gerundet).
2) Stand 2007.

Quelle: The Heritage Foundation (2008)/F.A.Z.-Grafik Brocker

Optimismus ist allerdings angebracht. Die Erfahrung zeigt nämlich, dass wirtschaftliche Freiheit, und sei sie zunächst auch begrenzt, im Laufe der Zeit zu politischer Freiheit führt. Beispiele hierfür sind die sogenannten »Tigerstaaten« Südkorea, Taiwan, Hongkong und Singapur. Nicht gerade als Musterdemokratien bekannt, haben sie nach Einführung des Kapitalismus und einer damit verbundenen Wohlstandsexplosion nach und nach demokratische Strukturen eingeführt. Weitere Staaten wie Indonesien, Thailand, Malaysia oder die Philippinen folgen seit einiger Zeit diesem Beispiel.

Auch das ist natürlich kein Zufall. Es bestätigt vielmehr unseren Optimismus: Wenn es gelingt, durch Einführung des Kapitalismus Wirtschaftswachstum und Wohlstand zu erzielen, der einem großen Teil der Bevölkerung zugutekommt, dann werden ganz offensichtlich Kräfte wirksam, die eine demokratische Entwicklung stützen und vorantreiben.

Wirtschaftliche Eliten, also diejenigen, die im Wirtschaftsleben Entscheidungen treffen und dafür auch die Verantwortung tragen, brauchen bestimmte Freiheiten, um ihre Aufgaben erfüllen zu können. Dies gilt auch für Unternehmer und Manager in Ländern wie China. Wenn diese im internationalen Wettbewerb bestehen sollen, kann man ihnen die Rechte und Freiheiten, die für ihre westlichen Konkurrenten selbstverständlich sind, nicht vorenthalten. Außerdem lassen sich solche Leistungsträger einer Gesellschaft auf Dauer nicht völlig von politischen Entscheidungsprozessen ausschließen.

Ähnliches gilt für die Mittelschicht, die sich gerade in China im Moment rasant entwickelt. Das Land will Handel, Wohlstand und Modernität. Dies aber ist ohne eine freie Bürgergesellschaft letztlich nicht zu haben. Der internationale Handel führt die Menschen näher an den Rest der Welt heran. Der zunehmende Wohlstand schafft Anspruchsdenken, und Anspruchsdenken fordert Demokratie. Wer sich per Internet die Welt nach Hause holen kann, wird neugierig. Wer Güter, Häuser und Kreditkarten besitzt, will auch Rechte. Wer in seinem täglichen Leben gewohnt ist, zwischen Alternativen zu wählen, der wird auf Dauer kaum verstehen, warum er nicht auch seine politische Führung wählen darf.

Wir können unsere kleine Checkliste des Kapitalismus damit vervollständigen:

Merkmale des Kapitalismus

- Organisation der Wirtschaft durch einen freien Markt mit Angebot und Nachfrage
- Freiwillige Tauschhandlungen der Marktteilnehmer
- Privateigentum an Gütern und Produktionsmitteln
- Rechtssicherheit durch den Staat
- Wettbewerb und Leistungsprinzip
- Klare gesetzliche Rahmenbedingungen (Regeln)
- Konsumentensouveränität
- Wirtschaftliche Freiheit
- Demokratie

Der enge Zusammenhang zwischen Kapitalismus und Demokratie zeigt sich noch auf ganz andere Weise. Es gibt vermutlich keine demokratischere Einrichtung als den freien Markt. Auf ihm geben die Wähler, die Konsumenten, nicht nur alle vier Jahre ihre Stimme ab, sondern täglich, nämlich in Form von Kaufentscheidungen. Wer hier seine Wahlversprechen nicht einhält und schlechte Produkte abliefert, wird, im Unterschied zur Politik, gnadenlos und unmittelbar abgestraft, denn die Verbraucher wechseln sofort zur Konkurrenz. Außerdem werden Minderheiten, ebenfalls anders als in der Politik, nicht überstimmt, sondern genau ihrem Gewicht entsprechend berücksichtigt. Ihre Bedürfnisse werden vom Markt ebenso befriedigt wie die der Mehrheit.

Wir halten fest: Weder die individuelle noch die gesellschaftliche Freiheit sind durch den Kapitalismus bedroht. Im Gegenteil: Kapitalismus braucht Freiheit, und zwar jede Art von Freiheit. Ohne sie gäbe es keinen Wohlstand, keinen Fortschritt, keine Sicherheit und keine Gerechtigkeit.

Kapitalismus und Demokratie bedingen und brauchen einander

III

Freiheit gut und schön, aber die Wirtschaft kann doch nicht machen, was sie will

Dieser Satz bringt gewissermaßen die gegenteilige Sorge zum Ausdruck. Nicht die Freiheit ist durch den Kapitalismus bedroht, sondern die Gesellschaft durch zu viel Freiheit, vor allem im Wirtschaftsleben. Der Kapitalismus also als ein mehr oder weniger rechtsfreier Raum, in dem die Starken und Cleveren ihre Interessen rücksichtslos und auf Kosten der anderen durchsetzen. Obwohl der Kapitalismus ja gerade kein wilder Kampf, sondern ein an strenge Regeln gebundenes System ist, haben viele Menschen, spätestens seit der Finanzkrise, das Gefühl, dass im Kapitalismus einige zu viele Freiheiten haben und sich alles erlauben können.

Eines steht fest: Die Finanzkrise ist das Ergebnis von zu viel Freiheit. In einem bestimmten Bereich der Wirtschaft, an den Finanzmärkten nämlich, gab und gibt es keine klaren Regeln, die dem Einzelnen die Grenzen seiner wirtschaftlichen Freiheit aufzeigen. Aber: Die Finanzkrise ist, wie wir im nächsten Kapitel noch sehen werden, weder ein Beweis für die Untauglichkeit des Kapitalismus noch dafür, dass in der Wirtschaft generell zu viel Freiheit herrscht.

Diese Sorge wird nämlich durch die Realität in keiner Weise bestätigt. Im Gegenteil, die wirtschaftliche Freiheit, also die Möglichkeit des Einzelnen, etwas zu »unternehmen«, war noch nie so eingeschränkt wie heute. Niemals zuvor waren die Einflussnahme und Kontrolle des Staates größer, die Staatsausgaben und Steuerquote höher und der öffentliche Sektor ausgedehnter als heute. Die staatlichen Vorschriften, Einschränkungen, Kontrollen und Regulierungen nehmen nicht ab, wie es seit Jahrzehnten gefordert wird, sondern immer weiter zu. Die

Furcht vor einer »neoliberalen« Unterwanderung des Staates durch den Kapitalismus ist also absurd.

Dennoch gibt es Grund zur Sorge. Dieser liegt allerdings nicht in zu viel, sondern in zu wenig Freiheit. Demokratien sind bekanntlich anfällig, vor allem für Demagogen. Gerade in Krisenzeiten können Menschen, die mit den Zusammenhängen und Vorzügen der Marktwirtschaft nicht vertraut sind, von Populisten dazu verführt werden, allgemeine Freiheitsrechte einzuschränken, zum Beispiel wirtschaftliche. Solche Maßnahmen werden im Allgemeinen im Namen der sozialen Gerechtigkeit durchgeführt, führen aber in aller Regel zu mehr Staat, mehr Umverteilung und mehr Unfreiheit und damit zu weniger Markt und weniger Wohlstand.

Das bedeutet nicht, dass unsere Demokratie aktuell in Gefahr ist, es lässt sich aber nicht bestreiten, dass in Deutschland seit Jahrzehnten demokratisch gewählte Mehrheiten unzählige Gesetze beschlossen haben, die die wirtschaftliche Freiheit eingeschränkt und damit der wirtschaftlichen Entwicklung des Landes geschadet haben. Bürokratische Hürden und Auflagen, die viele Ideen und Vorhaben bereits im Keim ersticken. Einschränkungen oder Verbote für bestimmte Tätigkeiten, etwa im Bereich der Gentechnologie. Vor allem aber all jene Maßnahmen zum vermeintlichen Schutz von Arbeitnehmern. Dass ein strenger Kündigungsschutz oder zu hohe Lohnnebenkosten die Entstehung neuer Arbeitsplätze verhindern und damit den Arbeitnehmern letztlich mehr schaden als nutzen, hat sich zwar inzwischen auch bei uns herumgesprochen, bisher aber nicht zu entscheidenden Konsequenzen geführt.

Was die wirtschaftliche Freiheit angeht, so belegt Deutschland weltweit unter 183 Ländern den 25. Rang. Nicht gerade ein Spitzenplatz. Es bedeutet, dass 24 Staaten dieser Erde ihren Bürgern mehr wirtschaftliche Freiheit einräumen als wir. Mit Ausnahme von Frankreich und Italien liegen alle westlichen Industrienationen vor uns, darunter auch die Schweiz und Österreich. In unserer Sehnsucht nach Sicherheit, Gleichheit und

Gerechtigkeit haben wir eine Furcht vor der Freiheit und zugleich eine Staatsgläubigkeit entwickelt, die genau das verhindern. Ein Staat, der die Freiheiten seiner Bürger derart einschränkt, führt nämlich, wie wir noch sehen werden, gerade nicht zu mehr Gleichheit oder Gerechtigkeit, sondern zu weniger Wachstum und weniger Einkommen für alle.

Wirtschaftliche Freiheit

1	Hongkong	90,0	26	Schweden	70,5
2	Singapur	87,1	:		
3	Australien	82,6	29	Spanien	70,1
4	Irland	82,2	30	Litauen	70,0
5	Neuseeland	82,0	:		
6	USA	80,7	42	Israel	67,6
7	Kanada	80,5	:		
8	Dänemark	79,6	49	Mexiko	65,8
9	Schweiz	79,4	50	Kuwait	65,6
10	England	79,0	:		
11	Chile	78,3	53	Portugal	64,9
12	Niederlande	77,0	:		
13	Estland	76,4	61	Südafrika	63,8
14	Island	75,9	:		
15	Luxemburg	75,2	75	Türkei	61,6
16	Bahrain	74,8	76	Italien	61,4
17	Finnland	74,5	:		
18	Mauritius	74,3	81	Griechenland	60,8
19	Japan	72,8	82	Polen	60,3
20	Belgien	72,1	:		
21	Macao	72,0	123	Indien	54,4
22	Barbados	71,5	:		
23	Österreich	71,2	132	China	53,2
24	Zypern	70,8	:		
25	Deutschland	70,5	146	Russland	50,8

Quelle: The Heritage Founsation / Index of Economic Freedom 2009

Ein aktuelles Beispiel für unseren Glauben, der Staat könne es regeln, ist die Diskussion um den Mindestlohn. Staatlich festgesetzte Mindestlöhne sind ein Eingriff in die wirtschaftliche Freiheit der Menschen, denn die Spielregeln der Marktwirtschaft sehen eigentlich Tarifautonomie vor, also das freie Aushandeln von Löhnen zwischen Arbeitgebern und Arbeitnehmern. Diese Regelung entspricht dem Grundgedanken der Marktwirtschaft, dass sich Preise und Löhne durch Angebot und Nachfrage frei am Markt bilden sollen. Und sie ist vernünftig, denn auf diese Weise ergeben sich genau die Löhne, die die Unternehmen mit ihren Preisen am Markt auch erwirtschaften können.

Die Forderung nach einem Mindestlohn entspringt dem verständlichen Wunsch, Arbeitnehmer vor Hungerlöhnen und Ausbeutung zu schützen. Auf einem freien Markt besteht die Gefahr, dass Arbeitgeber, vor allem wenn es mehr Arbeitsuchende als freie Stellen gibt, sehr niedrige Löhne anbieten nach dem Motto: »Entweder du akzeptierst oder nicht.« Natürlich kann man solche Angebote ablehnen, auch ohne dadurch finanzielle Einbußen bei der staatlichen Unterstützung hinnehmen zu müssen. Dennoch gibt es viele Menschen, die, aus unterschiedlichen Gründen, auch zu solchen Löhnen arbeiten. Um dies zu verhindern, erscheint vielen ein gesetzlich festgelegter Mindestlohn als sinnvoll.

Das zu diesem Zweck ausgegebene Motto könnte in seiner Sozialromantik von Norbert Blüm stammen: »Wer acht Stunden am Tag arbeitet, der muss auch von seinem Lohn leben können.« Genau! Egal, was er tut, wie produktiv er dabei ist oder ob das, was er herstellt, auch gebraucht wird, Hauptsache er arbeitet. Die DDR lässt grüßen oder noch besser das Mittelalter, wo die Löhne tatsächlich genau so festgelegt wurden. Wie viel braucht ein Handwerksgeselle, ein Hufschmied oder ein Baumeister, um ein standesgemäßes, also ein seinem gesellschaftlichen Stand entsprechendes Leben führen zu können? Danach richtete sich der Lohn, egal wie gut, nützlich oder begehrt seine Arbeit war.

Machen wir uns einmal klar, was diese Forderung bedeutet. Ein Arbeitnehmer erhält für eine Tätigkeit so viel Lohn, wie er zum Leben braucht, völlig unabhängig davon, was er tut, wie gut er es tut oder ob irgendjemand das, was er herstellt, überhaupt haben möchte. Wir kennen diese Logik schon. Es ist dieselbe, die auch die Unternehmen verpflichten will, sich mit einem bestimmten Gewinn zufriedenzugeben oder Arbeitsplätze zu schaffen, die sie gar nicht brauchen.

Willkommen in der Wirklichkeit! Wir leben in einer modernen Demokratie mit Marktwirtschaft und Wettbewerb, das heißt, wir haben uns dafür entschieden, das Einkommen des Einzelnen von seinem Beitrag zum allgemeinen Wohlstand abhängig zu machen, und nicht davon, ob er irgendetwas tut. Und dabei kommt es nun einmal darauf an, welche Arbeit man ausübt, wie gut und produktiv diese Arbeit ist und ob die Menschen das Produkt dieser Arbeit auch haben und bezahlen wollen.

Schauen wir uns also an, was geschieht, wenn der Mindestlohn auf 7,50 Euro festgelegt wird. Es ist ziemlich einfach: Diejenigen Arbeitnehmer, die so einfache Arbeiten ausführen, dass 7,50 Euro nicht erwirtschaftet werden können, werden arbeitslos, denn die Unternehmen können das, was diese Mitarbeiter herstellen, nur mit Verlust verkaufen. Daraus folgt: Der Staat kann zwar einen Mindestlohn vorschreiben, er kann aber niemanden zwingen, zu diesem Lohn auch Mitarbeiter einzustellen.

Aus diesem Grund befürchten Wirtschaftswissenschaftler, dass im Niedriglohnbereich, also gerade bei denjenigen, die man eigentlich schützen will, Arbeitsplätze abgebaut werden. Außerdem rechnet man damit, dass von den knapp vier Millionen Geringverdienern, um die es hier geht, mehr als eine Million in die Schwarzarbeit abwandern. Mit anderen Worten: Der gesetzliche Mindestlohn verringert die Beschäftigung gering qualifizierter Arbeitnehmer und drängt viele von ihnen in die Sozialhilfe.

Die Vertreter eines Mindestlohns weisen solche Bedenken gerne mit dem Einwand zurück, es dürfe doch, nur um Arbeitsplätze zu erhalten, keine Ausbeutung von Menschen geben. Dann könne man ja gleich die Sklaverei wieder einführen. Richtig, das Arbeitsplatzargument darf in der Tat nicht für alles herhalten. Aber: Die Alternative zur Arbeitslosigkeit ist ja nicht die Sklaverei, sondern beispielsweise eine staatliche Zuzahlung zum Niedriglohn. Wirtschaft und Staat würden sich also die Kosten des Arbeitsplatzes teilen. Der Betreffende hätte Arbeit und würde immerhin einen kleinen Beitrag zum allgemeinen Wohlstand leisten, er erhielte genug Geld, um seinen Lebensunterhalt zu bestreiten, und die Belastungen für den Staat wären geringer als die Arbeitslosigkeit.

Noch besser ist allerdings eine andere Alternative. Statt Mindestlöhne von Staats wegen zu beschließen, die viele tausend Jobs kosten, sollte die Politik lieber die allgemeinen Bedingungen am Arbeitsmarkt so verändern, dass potenzielle Arbeitgeber nicht abgeschreckt, sondern durch Anreize angehalten werden, Mitarbeiter einzustellen. Zum Beispiel durch eine Lockerung des Kündigungsschutzes. Die Folge wäre, dass Arbeitsuchende schneller und leichter wieder eine neue Beschäftigung fänden. Dass dies nicht nur in der Theorie funktioniert, hat zuletzt Dänemark bewiesen, das den Kündigungsschutz völlig abgeschafft und dadurch nicht nur die Arbeitslosigkeit, sondern auch deren durchschnittliche Dauer deutlich gesenkt hat.

Zurück zur Freiheit und ihrer Bedrohung durch populistische Forderungen. Da der Mindestlohn in der Bevölkerung äußerst populär ist, entsteht für die Parteien ein großer Anreiz, sich trotz fachlicher Bedenken für ihn stark zu machen. Seine Einführung bedeutet aber, dass wir aus dem diffusen Wunsch nach mehr Sicherheit und Gerechtigkeit unsere Freiheit um ein kleines Stück weiter einschränken, obwohl wir wissen, dass dadurch weder mehr Sicherheit noch mehr Gerechtigkeit entstehen. Was hingegen entsteht, sind weniger wirtschaftliche Aktivität, weniger Arbeitsplätze und weniger Wohlstand.

Staatliche Eingriffe schränken, auch wenn sie sozial motiviert sind, die Freiheit ein, nämlich die wirtschaftliche Freiheit all jener, die etwas »unternehmen«. Und das ist schlecht, denn »Unternehmer« machen Erfindungen oder finanzieren technische Neuerungen, sie entwickeln neue Produkte, wirksamere Medikamente oder umweltfreundlichere Produktionsverfahren. Sie bringen tolle Filme, Bücher, Musik oder Mode auf den Markt, veranstalten Sport- und Kulturevents, gründen private Hochschulen oder machen einfach einen kleinen Laden auf. Und sie schaffen so ganz nebenbei Tausende von Arbeitsplätzen.

Was immer sie aber auch machen, sie tun das, was unser Land dringender braucht als alles andere: Sie »unternehmen« etwas. Sie schaffen oder bauen etwas auf, sie haben Ideen und versuchen diese umzusetzen, sie arbeiten hart und lösen dabei jede Menge Probleme, und sie gehen Risiken ein, die unter Umständen zum Bankrott führen können. Ob es uns gefällt oder nicht, aber ihnen allein, ihrer Klugheit und Cleverness, ihrem Fleiß und Ehrgeiz, ihrem Mut und Elan verdanken wir unseren Wohlstand und unsere Lebensqualität. Lassen wir Ihnen also die Freiheit, die sie brauchen. Wir alle profitieren davon.

Je mehr wirtschaftliche Freiheit, desto besser für alle

IV

Die Bankenkrise zeigt doch, wohin die wirtschaftliche Freiheit führt

Erst die Banken-, dann die Wirtschafts- und jetzt die Eurokrise. Das haben wir nun von der wirtschaftlichen Freiheit. Erst drehen durchgeknallte Banker ihren Kunden faule Kredite an, dann verzocken sie die Spargroschen kleiner Leute und jetzt geben sie der Wirtschaft keine Kredite mehr, sodass diese beinahe zusammenbricht. Die können einfach machen, was sie wollen, und keiner setzt ihnen Grenzen. Wenn das Kapitalismus ist, dann vielen Dank.

Um es gleich vorwegzunehmen: Im Kapitalismus gibt es Krisen, und es hat uns in der Tat diesmal ganz schön erwischt. Aber, Krisen gibt es immer und überall, in der Politik, in der Wirtschaft, im Privatleben. Wo immer Menschen handeln, gibt es Irrtümer, Verfehlungen und Rückschläge, und aus ihnen entstehen manchmal auch Krisen. Aber, Krisen sind nicht das Ende. Krisen sind Störungen und Schwierigkeiten, die gelegentlich auftreten und die es zu überwinden gilt. Sie zeigen an, dass etwas schiefläuft, und sorgen so dafür, dass wir Fehler erkennen, entsprechende Konsequenzen ziehen und so die Situation verbessern. Nicht zufällig bedeutet das griechische Wort »krisis« auch Veränderung oder Wendepunkt. Es bringt zum Ausdruck, dass etwas nicht stimmt und wir handeln müssen. Mehr nicht.

Halten wir uns also mit voreiligen Abgesängen auf unser Wirtschaftssystem lieber zurück. Die aktuellen Krisen, vor allem die Banken- und Finanzkrise, sind, auch wenn es viele glauben, kein Beweis dafür, dass der Kapitalismus endgültig abgewirtschaftet hat. Die Ursachen sind andere. Die Finanzkrise ist eine dramatische Demonstration dessen, was geschieht, wenn Spieler grobe Fouls begehen, die Schiedsrichter wegschauen und die Mannschaften nach unterschiedlichen Regeln spielen. Ein solches Spiel kann nur im Chaos enden.

Sehen wir uns die Gründe für die Krise etwas genauer an: So verständlich die Empörung und so groß die Versuchungen auch sind, in die allgemeine Kritik einzustimmen, angesichts der aktuellen Situation auch sind, wir kommen, wenn wir der Sache gerecht werden wollen, um eine etwas differenziertere Betrachtung nicht herum.

Fangen wir dort an, wo das Übel seinen Ausgang nahm: bei den Banken. Das Wichtigste vorab: Auf die Forderung, sie abzuschaffen oder wenigstens zu verstaatlichen, wie es gelegentlich zu hören ist, müssen wir nicht ernsthaft eingehen. Banken sind, auch wenn es manche nicht wissen oder vergessen haben, wichtige und notwendige Einrichtungen des Wirtschaftslebens. Wie andere Unternehmen auch, erbringen sie Leistungen, die zum allgemeinen Wohlstand beitragen. Sie helfen uns, natürlich nicht ohne Eigennutz, Dinge zu realisieren, die wir ohne ihre Hilfe nicht realisieren könnten. So sorgen sie etwa dafür, dass wir eine Wohnung jetzt kaufen und erst im Laufe der Zeit abzahlen können, dass der kleine Einzelhändler sein Warenlager vorfinanzieren kann und dass große Unternehmen notwendiges Kapital für wichtige Investitionen erhalten.

Banken zu verstaatlichen wäre ebenfalls keine gute Idee, denn natürlich gilt auch hier Adam Smiths Satz, dass es nichts gibt, das der Staat tun könnte, was die Privaten nicht besser können. Die Fehlentscheidungen und Skandale, die die politisch kontrollierten Landesbanken regelmäßig produzieren, bestätigen das nur allzu deutlich. Private Banken kennen die besonderen Probleme und Bedürfnisse der Wirtschaft nun einmal besser als es staatliche jemals könnten. Und, sie gehen mit ihrem Geld erfahrungsgemäß vorsichtiger und vernünftiger um als staatliche.

Daran allerdings könnten angesichts der aktuellen Krise Zweifel aufkommen. Zwar sind die privaten Banken, allen voran die so oft gescholtene Deutsche Bank, aus der Krise insgesamt besser herausgekommen als die Landesbanken – sie haben sich nämlich weniger faule Kredite andrehen lassen –, insgesamt aber haben auch sie, um es vorsichtig zu formulieren, ziemlich alt ausgesehen.

Was genau ist eigentlich passiert? Das Unheil nahm, manche würden sagen, wie so oft, seinen Anfang in den USA. Amerikanische Banken vergaben, unterstützt durch die Regierung, in großem Umfang Immobilienkredite an Menschen, die sich den Erwerb einer Immobilie eigentlich gar nicht leisten konnten. Politisches Motiv: die eigenen vier Wände für möglichst viele Menschen. Hintergedanke: Der erwartete Wertanstieg der Immobilien würde die Menschen in die Lage versetzen, die Kredite zurückzuzahlen. Leider aber blieb der Wertanstieg aus, ebenso die Rückzahlung, und die Banken blieben auf ihren schlechten Krediten sitzen.

So weit, so normal. Fehlinvestitionen aufgrund falscher Einschätzungen gehören zum Wirtschaftsleben dazu. Das gilt zunächst auch für das weitere Vorgehen der Banken. Sobald sie nämlich erkannten, wie es um ihre Kredite stand, begannen sie, diese mit anderen, soliden Finanzanlagen zu mischen, daraus große Anlagepakete zu schnüren und diese dann an andere Banken zu verkaufen. Auch das ist noch nichts Ungewöhnliches, jedenfalls solange die Zusammensetzung und Qualität der Pakete den Käufern bekannt ist.

Spätestens jetzt aber wird es ungewöhnlich, um nicht zu sagen kriminell. Die amerikanischen Banken packten nämlich nicht nur Unmengen ihrer faulen Kredite in die Pakete, sie verschwiegen auch deren mangelhafte Qualität und täuschten damit wissentlich die Käuferbanken.

So weit, so schlecht. Leider aber ist das nur die halbe Wahrheit. Die trickreichen Verkäufer der Mogelpackungen sind nämlich nicht die einzigen Übeltäter. Die gleiche Schuld trifft die Käufer, also Banken in aller Welt, die sich nicht die Mühe machten, ihre Errungenschaften etwas genauer unter die Lupe zu nehmen. Geblendet oder beruhigt von den attraktiven Anlagen, die sich ja auch in den Paketen befanden, übersahen oder ignorierten sie die Zeitbomben, die nun nach und nach hochgingen und ihren Besitzern ungeheure Verluste bescherten. Was die Führungen der Käuferbanken, aber auch deren Aufsichtsgremien hier gezeigt haben, ist mit dem Begriff Fahrlässigkeit kaum angemessen beschrieben. Auch wenn der Begriff von den Nieten in Nadelstreifen häufig missbraucht wird, hier scheint er mehr als berechtigt.

Was also zeigt die Bankenkrise? Dass der Kapitalismus ein schlechtes System ist? Wohl kaum. Eines dürfte auch seinen Kritikern einleuchten: Gegen kriminelle Energie oder grobe Unfähigkeit ist auch die beste Ordnung nicht gefeit.

Sind es also die Spielregeln? Haben die Banker zu viel Freiheit? Brauchen wir mehr Sicherungs- und Kontrollsysteme, um derartige Krisen künftig zu verhindern? Es erscheint nahe liegend, denn im Allgemeinen sind es tatsächlich schlechte oder fehlende Regeln, die zu Problemen führen. Leider ist es diesmal etwas anders.

Eine ebenso wichtige wie ernüchternde Erkenntnis der Bankenkrise ist nämlich, dass sie wahrscheinlich auch mit anderen Regeln kaum hätte verhindert werden können. Seine Kunden in betrügerischer Weise zu täuschen und ihnen wichtige Informationen vorzuenthalten, ist nämlich auch heute schon verboten, und zwar überall auf der Welt. Ebenso gehört es seit jeher zu den Pflichten des Führungspersonals von Banken, Anlageprodukte vor dem Ankauf sorgfältig zu prüfen. Gegen grobe Verstöße sind auch die besten Regeln machtlos.

Wir können dennoch – und wahrscheinlich werden wir nicht darum herumkommen – weitere Regeln und Kontrollmechanismen einführen. Wir müssen uns aber klarmachen, dass sich Krisen dieser Art niemals völlig verhindern lassen. Dafür gibt es vor allem drei Gründe. Zum Ersten werden Regeln immer missachtet oder umgangen. Wenn es um unser Eigeninteresse geht, sind unserem Einfallsreichtum bekanntlich keine Grenzen gesetzt. Es ist das alte Spiel. Jede neue Regel schafft zehn Wege, sie zu umgehen.

Der zweite Grund liegt darin, dass sich Krisen grundsätzlich nur schwer vorhersehen lassen. Zwar gibt es stets Experten, die immer alles schon vorher gewusst haben, tatsächlich aber lassen sich die Ursachen von Krisen oft lange Zeit nicht erkennen, sei es, dass sie, wie in diesem Fall, bewusst verschleiert werden, sei es, dass wir neue Phänomene noch nicht verstehen und mögliche Risiken daher nicht erkennen.

Da bekanntlich nichts dynamischer ist als Wirtschaft, gilt dies hier umso mehr. Die Politik, die die Regeln eigentlich vorgeben müsste, wird mit einem neuen Phänomen oft erst dann konfrontiert, wenn es bereits Schaden angerichtet hat, die Krise also schon da ist. Ihr bleibt daher in der Regel nur die undankbare Rolle, zu reagieren, also bereits entstandene Probleme zur Kenntnis zu nehmen und Lösungen zu suchen.

Der dritte Grund schließlich, warum wir immer wieder mit Krisen rechnen müssen, ist grundsätzlicher Art. Krisen sind der Preis für offene und freiheitliche Systeme, politisch wie wirtschaftlich. Beide, Demokratie und Kapitalismus können sich gegen den Missbrauch ihrer Freiheit niemals vollständig schützen, auch nicht mit noch so strengen Regeln. Sie können es nicht und, was fast noch wichtiger ist, sie wollen es auch gar nicht. Demokratie wie Marktwirtschaft basieren von ihrem Grundverständnis her nicht auf Kontrolle und Überwachung, sondern auf der freiwilligen Akzeptanz und Befolgung der Regeln durch die Menschen. Wir haben also die Wahl: entweder eine freie Gesellschaft mit gelegentlichen Krisen oder eine Dauerkrise in Unfreiheit und Armut.

Ein letztes Wort zu den Regeln. Sie erfüllen, wie wir im ersten Kapitel gesehen haben, nur dann ihren Zweck, wenn alle mitmachen und sich auf dieselben Regeln einigen. Im Fußball ist das, wie gesagt, bereits geschafft. Bei der WM spielen alle Mannschaften nach denselben Regeln. In der Wirtschaft leider nicht, und schon gar nicht in der Welt der Finanzen. Angesichts der vielen unterschiedlichen Interessen, die die einzelnen Länder hier haben, dürften einheitliche Spielregeln noch eine Weile auf sich warten lassen.

Welche Folgen hat die Bankenkrise für den Kapitalismus? Dieselben wie jede Krise. Er wird verbessert und gestärkt aus ihr hervorgehen. Mit neuem Wissen um die Probleme und Risiken des Finanzmarktes und mit neuen Mitteln und Möglichkeiten ausgestattet, ihnen zu begegnen. Nicht anders ist im Übrigen unsere Marktwirtschaft entstanden – durch das ständige Erkennen und Korrigieren von Fehlern. Und nicht anders wird es auch in Zukunft sein. Es werden sich auch weiterhin Probleme und Fehlentwicklungen einstellen, und wir werden weiterhin darauf reagieren und nach und nach die Regeln immer weiter verbessern. Darin liegt übrigens eine weitere Stärke des Kapitalismus. Er ist ausgesprochen lern- und anpassungsfähig.

Jede Krise macht den Kapitalismus besser

V

Im Kapitalismus haben die Konzerne zu viel Macht

Diese Behauptung geht noch einen Schritt weiter als die bloße Sorge, im Wirtschaftsleben gebe es zu viel Freiheit. Mit ihr soll zum Ausdruck gebracht werden, dass die großen Unternehmen nicht nur zu viele Freiheiten genießen, sondern mittlerweile auch so viel politische Macht besitzen, dass sie diese Freiheiten selber nach Belieben festlegen können. Mit anderen Worten: Die Politik tanze nur noch nach der Pfeife der Konzerne, da diese inzwischen mächtiger seien als die Staaten selbst. Am Ende seien es nicht mehr die Menschen, die die Regeln festlegen, nach denen sie leben wollen, sondern die wirtschaftlich Mächtigen.

Sehen wir uns die tatsächliche Situation an. Große Konzerne haben zweifellos Einfluss, sei es über ihre Vorstandschefs, über ihre Lobbyisten oder ihre Öffentlichkeitsarbeit. Dennoch ist dieser Einfluss in den Industrieländern, also in Ländern mit funktionierenden demokratischen Strukturen, geringer als vermutet. Der Grund dafür ist einfach: Es geht bei der Lobbyarbeit von Unternehmen vor allem darum, bei der Politik Gesetze zu erwirken, die ihnen gegenüber konkurrierenden Unternehmen oder Industrien Vorteile verschaffen, nicht aber um mehr Rechte oder Freiheiten für die Wirtschaft im Allgemeinen.

Das gilt in besonderem Maße für Deutschland, wo die einzelnen Industrien, Verbände und Unternehmen sehr unterschiedliche Interessen haben und häufig untereinander zerstritten sind. Das letzte große Beispiel dafür, dass die Politik sich dem einhelligen Wunsch der Wirtschaft beugte, war eine Gesetzesänderung durch die Regierung Kohl im Jahre 1996, durch die die Unternehmen bei der Lohnfortzahlung im

Krankheitsfall entlastet werden sollten. Nachdem nur der Daimler-Konzern die neue Regel umsetzte, alle anderen Unternehmen aber nicht, wurde die Reform 1998 durch die Regierung Schröder wieder rückgängig gemacht.

Das Gewicht der Wirtschaft ist gerade in der deutschen Politik eher zu gering als zu groß. Deutschland besitzt unter allen Industrieländern eindeutig die schwächste Konzernlobby. Das mag den einen oder anderen vielleicht beruhigen, ist aber keineswegs nur von Vorteil, denn auf die Erfahrung und den Sachverstand von Wirtschaftsführern zu verzichten, sollte sich eigentlich kein Land leisten. Unternehmer wissen am besten, was für die Wirtschaft gut ist, wo etwas falsch läuft, und vor allem, wodurch neue Arbeitsplätze entstehen.

Auch international kann von einer Übernahme der Politik durch die Konzerne ganz und gar keine Rede sein. Im Gegenteil. Freihandel und Kapitalismus sind weltweit eher auf dem Rückzug. Ganz abgesehen von der islamischen Welt finden wir immer mehr populistische Regierungen, die ihre Länder nach außen abschotten, massiv Einfluss auf die Wirtschaft nehmen und bestimmte Industrien sogar verstaatlichen. Beispiele hierfür sind etwa die Andenstaaten Peru, Venezuela und Bolivien, aber auch die Länder der früheren Sowjetunion.

Große Konzerne sind in Ländern mit funktionierenden demokratischen Strukturen keine Bedrohung, sondern ein Segen. Nur sie haben die Möglichkeit, langwierige und teure Forschung zu betreiben, deren Ergebnisse uns allen zugutekommen. Problematisch kann es nur dann werden, wenn sie auf nichtdemokratische Länder mit korrupten Eliten stoßen. Da Konzerne von Menschen geführt werden, besteht immer die Gefahr, dass sich diese mit den Machthabern verbünden und so Einfluss auf die Politik des betreffenden Landes nehmen. Hierfür ist dann aber nicht der Kapitalismus verantwortlich zu machen, sondern das moralische Fehlverhalten Einzelner sowie die marktwirtschaftsfeindlichen Zustände in den betreffenden Ländern.

Erfreulicherweise wird diese Gefahr jedoch immer geringer. Der Grund dafür ist, dass große multinationale Unternehmen zahlreichen Kontrollen unterliegen, beispielsweise durch konkurrierende Unternehmen, durch Gewerkschaften oder Menschenrechtsorganisationen, durch die Medien oder auch durch die kritische Öffentlichkeit in den Industrieländern. Verstöße gegen grundlegende Regeln der Demokratie oder der Menschlichkeit oder ein Gemeinsame-Sache-Machen mit korrupten Machthabern würde von den kritischen Verbrauchern nicht toleriert und mit Boykottmaßnahmen bestraft.

Und noch etwas spricht dagegen, dass Konzerne, und seien sie noch so groß, zu viel Macht erlangen können: der gute alte Wettbewerb. Kein Unternehmen kann seine Machtstellung auf Dauer halten, wenn es die Wünsche seiner Kunden nicht besser befriedigen kann als seine Mitbewerber. In einer Marktwirtschaft mit ihren ständigen Bewegungen und Veränderungen ist daher jede Machtposition immer wieder gefährdet. Firmenschicksale wie Enron, Texaco, Delta Airlines oder Lehmann Brothers zeigen dies eindrucksvoll. Von den 500 größten Unternehmen im Jahre 1970 war 1981, also nur elf Jahre später, ein Drittel wieder vom Markt verschwunden. Wirtschaftliche Macht ist also alles andere als sicher.

Kapitalismus und Wettbewerb sind das genialste Entmachtungsinstrument der Geschichte

5
Welt und Umwelt

Der Kapitalismus schafft Wohlstand, er ist gerecht, da er gerade die Ärmsten besser stellt als jedes andere System, er fördert jede Art von Freiheit, und er gibt den Menschen nahezu unbegrenzte Möglichkeiten, sich zu entfalten und ihr Leben nach ihren Vorstellungen zu führen. Trotz dieser beachtlichen Bilanz wird er von vielen als eine Bedrohung angesehen. Der Kapitalismus, so ihre These, sei verantwortlich für viele Kriege, für die Armut in der Dritten Welt und für die Zerstörung der Natur.

In diesem Kapitel soll zunächst gezeigt werden, dass ein friedliches Miteinander für den Kapitalismus ebenso wichtig ist wie Freiheit und Demokratie und er daher keinerlei Interesse an kriegerischen Auseinandersetzungen haben kann. Außerdem soll deutlich werden, dass der Kapitalismus wahrscheinlich das beste Mittel ist, sowohl die Armut in der Dritten Welt zu überwinden als auch unsere Umwelt zu schützen.

Kapitalismus – eine Liebeserklärung. Ulrich Chiwitt

ISBN: 978-3-527-50551-7

I

Der Kapitalismus bedroht den Frieden

»Kapitalismus ist Krieg! Er basiert auf Spaltung und Ungleichheit und ist daher von seiner Struktur her nicht friedensfähig. Kapitalismus und Krieg sind zwei Seiten einer Medaille.«

Auch wenn eine solche Beurteilung ziemlich abstrus erscheint und ihr vermutlich nur eine kleine Minderheit zustimmt, können wir sie nicht einfach übergehen. Immerhin weisen einige Wirtschaftswissenschaftler, darunter der Nobelpreisträger John Maynard Keynes, darauf hin, dass Rüstung und Kriegshandlungen grundsätzlich konjunkturfördernd seien und der Kapitalismus daher möglicherweise dazu neige, aus wirtschaftlichen Gründen Kriege zu führen.

Ist das möglich? Kann es sein, dass der Kapitalismus, nach allem, was wir bisher über seine Struktur und Funktionsweise gehört haben, zu Abgrenzung, Gewalt und Krieg tendiert und so ein friedliches Zusammenleben der Menschen erschwert? Kann es für ein Land ökonomisch sinnvoll sein, ein anderes Land durch Krieg zu zerstören, statt mit ihm Handel zu treiben, um so der eigenen Industrie Aufträge für die Rüstung und anschließend für den Wiederaufbau zu verschaffen? Kann eine demokratische und marktwirtschaftlich organisierte Gesellschaft ernsthaft ein Interesse am Krieg haben?

Gehen wir die Sache zunächst mit dem gesunden Menschenverstand an. Dass Frieden für den allgemeinen Wohlstand förderlicher ist als Krieg, lässt sich kaum ernsthaft bestreiten. Miteinander Handel treiben ist nun einmal vorteilhafter als sich zu bekriegen, und zwar in jeder Beziehung. Das gilt sogar für die Eroberungskriege früherer Zeiten, die allein das Ziel hatten, die eroberten Länder auszubeuten. Handel, so hat sich gezeigt, ist besser als Ausbeutung, sogar für die Ausbeuter.

Das bedeutet nicht, dass Länder mit engen Handelsbeziehungen niemals Krieg gegeneinander führen. Es bedeutet aber, dass die Beteiligten sich einen solchen Schritt wahrscheinlich zweimal überlegen. Handel verhindert also nicht jeden Krieg, aber viele Kriege.

Handel und Frieden

»Es ist beinahe eine allgemeine Regel, daß überall dort, wo die Sitten der Menschen angenehm sind, Handel getrieben wird; und wo immer Handel getrieben wird, sind die Sitten der Menschen angenehm.

Die natürliche Folge des Handels ist, daß er zum Frieden führt. Zwei Nationen, die miteinander Handel treiben, werden voneinander abhängig. Wenn die eine daran interessiert ist zu kaufen, so ist die andere daran interessiert zu verkaufen; und alle Bündnisse beruhen auf wechselseitigen Bedürfnissen.«

Montesquieu (1689 – 1755)

Handel ist also in jedem Fall besser als Krieg. Gehen wir dennoch noch einmal auf das ein, was Keynes zumindest theoretisch für denkbar hielt. Kann es für ein Land wirtschaftlich von Nutzen sein, mit einem anderen Land Krieg zu führen statt mit ihm Handel zu treiben? Wir reden wohlgemerkt nicht von den Interessen einzelner Waffenhersteller, sondern von denen des ganzen Landes. Ebenso wenig geht es darum, ob man einen Krieg führen darf, um einen Diktator zu stürzen und die Demokratie einzuführen. Es geht allein um die Frage, auch wenn sie zynisch klingt, ob die Erträge eines Krieges höher sein können als seine Kosten?

Sieht man einmal von der Schwierigkeit ab, eine solche Kosten-Nutzen-Rechnung aufzustellen, spricht so ziemlich alles dagegen. Zunächst einmal bergen Kriege auch für militärisch weit überlegene Länder nach wie vor große Risiken. Zum anderen können heutige Kriege im Grunde nicht mehr gewonnen werden, in dem Sinne, dass nach seiner Beendigung wieder Frieden einkehrt. Das aber wäre ja Bedingung dafür, wirtschaftlichen Nutzen aus dem Krieg zu ziehen. Außerdem macht ein Krieg, selbst wenn er gewonnen würde, ein Land vielleicht größer, aber nicht unbedingt reicher.

Der entscheidende Grund aber dürfte sein, dass es sich heute kein Land und schon gar keine Demokratie erlauben kann, ein anderes Land aus wirtschaftlichen Gründen mit Krieg zu überziehen. Die Sanktionen durch die internationale Staatengemeinschaft, aber auch durch die kritische Öffentlichkeit würden dem Aggressor Nachteile bescheren, die kein noch so großer Kriegsgewinn ausgleichen könnte.

Die Geschichte hat nicht nur gezeigt, dass sich Kriege in den seltensten Fällen gelohnt haben, sie zeigt vor allem einen engen Zusammenhang zwischen Kapitalismus und Frieden. Kapitalismus schafft Wohlstand, Wohlstand führt zur Demokratie und Demokratie zu Frieden. Wirtschaftliche Freiheit, dazu gehört auch ein freier Außenhandel, führt, wie uns Adam Smith gezeigt hat, zu allgemeinem Wohlstand. Wachsender Wohlstand fördert zunächst demokratische Entwicklungen und führt schließlich in aller Regel zur Demokratie. Alle wohlhabenden Länder dieser Welt sind bekanntlich Demokratien. Unter demokratischen Staaten aber ist die Gefahr eines Krieges äußerst gering. Und erst recht, wenn sie miteinander Handel treiben.

Dass Demokratien so gut wie nie gegeneinander Krieg führen, ist nicht nur empirisch belegt, sondern auch logisch nachvollziehbar. Zunächst erschwert die in der Demokratie herrschende Gewaltenteilung den Schritt zum Krieg. Wenn man sieht, welche Hindernisse bereits gewöhnliche Gesetze überwinden müssen, so kann man sich vorstellen, wie schwierig der Weg zu einer derart schwerwiegenden Entscheidung ist. Außerdem lassen sich Demokratien in ihrem Verhältnis zu anderen Ländern in der Regel von denselben Normen leiten, die auch im Innern gelten, nämlich von Ausgleich, Kompromissbereitschaft und Gewaltverzicht. Und schließlich befragen Demokratien ihre Bürger regelmäßig, welche Politik betrieben werden soll. Die ungeheuren Belastungen eines Krieges dürften die Menschen in den heutigen Demokratien so schnell nicht auf sich nehmen wollen.

Eine interessante Frage ergibt sich aus diesen Überlegungen. Was ist wichtiger für den Frieden, Demokratie oder Kapitalismus? Die Frage ist nicht so theoretisch, wie sie zunächst scheint. Da Kapitalismus und Demokratie in der Regel gemeinsam auftreten, erscheint ihre Beantwortung zunächst ebenso schwierig wie müßig. Formuliert man die Frage jedoch ein wenig anders, so wird ihre praktische Bedeutung sofort deutlich: Worauf sollten wir, wenn es darum geht, den Frieden zu erhalten, mehr Wert legen, darauf, dass nichtdemokratische Länder demokratisch werden oder dass wir möglichst viel Handel mit ihnen treiben?

Sollten wir die Demokratie für wichtiger halten, dann dürfte beispielsweise die Konfliktgefahr zwischen China und dem Westen noch eine ganze Weile bestehen, nämlich so lange, bis auch China eine Demokratie ist. Legen wir dagegen mehr Gewicht auf Handel und Kapitalismus, so sieht die Zukunft rosiger aus. Man kann nämlich dann davon ausgehen, dass die immer weiter zunehmende wirtschaftliche Abhängigkeit zwischen China und dem Westen die Kriegsgefahr deutlich reduziert, auch bevor China demokratisch wird.

Der Kapitalismus braucht und fördert den Frieden

II

Der Kapitalismus ist für die Armut in der Dritten Welt verantwortlich

Es gibt viele Gründe für die Armut in der Dritten Welt, und einige von ihnen liegen sicherlich bei den westlichen Industrienationen. Sie aber dem Kapitalismus anzulasten, wäre so, als würde man eine gute medizinische Versorgung für Schmerzen und Krankheiten verantwortlich machen. Es ist gerade das Fehlen des Kapitalismus, das die armen Länder in ihrer Armut und Hoffnungslosigkeit verharren lässt.

Ein Blick auf die Wirtschaftssysteme der Entwicklungsländer zeigt vor allem eines: Fast nirgendwo herrscht Marktwirtschaft, und die wenigen, die marktwirtschaftliche Prinzipien eingeführt haben, sind gerade dabei, sich von ihrer Armut zu verabschieden. Was wir stattdessen vorfinden, ist Feudalismus. Auch wenn einige Länder sie in ihrem Namen führen, von Demokratie kann in der Regel keine Rede sein. Verfassungen existieren, wenn überhaupt, meist nur auf dem Papier; es fehlt nicht nur der Rechtsstaat selbst, sondern auch jedes Verständnis dafür; die wirtschaftliche Ordnung, die den Namen ebenfalls nicht verdient, begünstigt mächtige Interessengruppen wie Großgrundbesitzer, Militärs oder Staatsdiener; ein Steuersystem, das die Einkommen umverteilt und volkswirtschaftlich sinnvollen Verwendungen zuführt, existiert nicht. Stattdessen fließen die Einnahmen in Rüstungsausgaben oder den Luxuskonsum korrupter Machthaber und ihrer Familien.

Wir sehen, es fehlt so ziemlich an allem, was notwendig ist, damit Kapitalismus funktionieren kann. Vor allem Regeln und ein Staat, der diese Regeln durchsetzt. Die meisten Entwicklungsländer sind ein Beispiel dafür, welch katastrophale Folgen fehlende oder schlecht gesetzte Regeln haben. Begünstigt werden die Machthaber sowie einige wenige Produzenten, und die große Menge der Konsumenten hat das Nachsehen. Schlimmer geht es nicht. Der Schiedsrichter und einige Spieler tun sich zusammen, um die Regeln zu ihrem Vorteil festzulegen, und die Zuschauer müssen sich ein solches Spiel ansehen.

Hier liegt das entscheidende Problem fast aller Entwicklungsländer. Es fehlt die grundlegende Voraussetzung dafür, dass Wohlstand entstehen kann. Es fehlt eine gesetzliche Ordnung, die den wichtigsten Wirtschaftsfaktor, die menschliche Arbeitskraft, zur Entfaltung kommen lässt. Das Problem ist nicht die hohe Bevölkerungszahl, sondern das Fehlen eines Regelwerks, das die Arbeitskraft der Menschen produktiv und zum Nutzen aller einsetzt.

Es ist also geradezu absurd, den Kapitalismus für das Elend der Dritten Welt verantwortlich zu machen, wenn dort gerade das fehlt, was den Kapitalismus ausmacht: wirtschaftliche Freiheit, Rechtssicherheit und ein Staat, der Regeln schafft, die der ganzen Gesellschaft dienen. Wir sollten uns keinen Illusionen hingeben. Solange keine grundlegenden politischen Veränderungen stattfinden, werden sich die Verhältnisse in den Entwicklungsländern nicht ändern. Solange die Voraussetzungen für eine funktionierende Marktwirtschaft nicht gegeben sind, kann diese ihre wohltätige Kraft auch nicht entfalten.

Interessanterweise sehen die Betroffenen selbst ihre Lage durchaus realistisch. In einer Umfrage des Entwicklungshilfe-Ressorts der Weltbank in Schwarzafrika gab die große Mehrzahl der Befragten nicht etwa den Industrieländern oder den multinationalen Konzernen die Schuld an ihrer Misere, sondern ihren eigenen Regierungen. Der Einfluss ausländischer Unternehmen in ihrem Land wurde dabei sogar ausgesprochen positiv bewertet.

So erfreulich diese Einschätzung ist, so wenig Grund gibt es für Optimismus, denn die notwendigen Veränderungen sind an eine wichtige Bedingung geknüpft: Die herrschenden Interessengruppen und Machteliten müssten ihre Macht, zumindest teilweise, abgeben, ein für Machthaber seit jeher schwieriges Unterfangen. Die Erfahrung hat gelehrt, dass Einsicht hier nur in den seltensten Fällen zu erwarten ist und dass politischer Druck, von innen wie von außen, weit mehr Erfolg verspricht.

Das eine Zauberwort lautet also Demokratisierung. Das andere ergibt sich daraus automatisch: Bildung, also der Erwerb von Fähigkeiten und Kenntnissen. Der »Wohlstand der Nationen« hängt weder ab von Bodenschätzen noch der Größe des Landes noch von militärischer Macht, sondern allein von dem Kapital, das die Menschen in sich tragen. Intelligente Arbeit ist – neben dem richtigen Regelwerk – die entscheidende Voraussetzung für Wohlstand, Wachstum, Fortschritt und Entwicklung.

Wir sollten uns in diesem Zusammenhang von einer weiteren Illusion verabschieden. Ohne grundlegende Veränderungen in den Ländern der Dritten Welt ist die klassische Entwicklungshilfe, so gut sie gemeint ist, reine Verschwendung. Da sie in der Regel nicht zum Nutzen der gesamten Gesellschaft verwendet wird, verbessert sie die Situation nicht, sondern verfestigt die bestehenden Verhältnisse noch. Hilfen, die nicht an die Bedingung politischer Veränderungen geknüpft sind, stellen sogar einen Anreiz für die Empfänger dar, ihre unsolide und verantwortungslose Politik fortzusetzen.

Entwicklungshilfe

> »Entwicklungshilfe ist eine exzellente Methode, um Geld von den armen Leuten der reichen Länder zu den reichen Leuten der armen Länder zu transferieren.«

Diese Formulierung bringt es auf den Punkt. Das klassische Konzept der Entwicklungshilfe ist gescheitert. Der Gedanke, die reichen Länder von ihrem Reichtum abgeben zu lassen, damit es den armen besser geht, ist falsch. Der Abstand zwischen Arm und Reich verringert sich dadurch nicht. Im Gegenteil, diese Art der Entwicklungshilfe macht die Welt noch ungleicher, denn durch sie wächst nur das Einkommen der Machteliten in den armen Ländern.

Länder brauchen im Prinzip keine Entwicklungshilfe, jedenfalls nicht in Form von materiellen Zuwendungen oder Almosen. Wäre es so, so befänden wir uns alle noch immer in der Steinzeit, denn alle Länder waren irgendwann einmal unterentwickelt und arm. Wohlstand kann nur aus eigener Kraft entstehen und nur dann, wenn Marktkräfte wirksam werden können. Freiheit, Bildung und Rechtsstaatlichkeit sind der Schlüssel dazu. Entwicklungshilfe, die dazu beiträgt, verdient den Namen wirklich.

Lord Peter Bauer

Das mag zunächst hart und unmenschlich erscheinen, hat aber das genaue Gegenteil zum Ziel. Es geht gerade darum, weniger harte und unmenschliche Lebensbedingungen für die Menschen der Dritten Welt zu schaffen. Wie hatte es Adam Smith formuliert? Nicht vom Wohlwollen der anderen wollen wir unser Wohlergehen abhängig machen, sondern von ihrem

Eigeninteresse. So ist es. Wir sollten also alles dafür tun, dass die Menschen in den Entwicklungsländern genau das tun können, ihrem Eigeninteresse nachgehen. Nur dadurch können wir ihnen wirklich helfen, denn Marktwirtschaft ist besser als jede Entwicklungshilfe. Für uns übrigens auch, denn eine Vergrößerung der Märkte ist, wie wir noch sehen werden, für alle von Vorteil.

Noch einmal. Es geht um Moral und Menschlichkeit, nicht um das Abschieben von Verantwortung. Gerade wegen der großen Not und Hoffnungslosigkeit in den Entwicklungsländern ist es unerlässlich, moralische Absichten mit nüchterner ökonomischer Vernunft zu verbinden. Ansonsten wird auch weiterhin Entwicklungshilfe für volkswirtschaftlich unproduktive Zwecke eingesetzt und damit keine wirkliche Verbesserung für die Betroffenen erreicht. Auch private Spenden, so hilfreich und notwendig sie im Einzelfall sind, verändern die Situation nicht wirklich. Sie lindern akute Not, jedenfalls dann, wenn sie die Notleidenden auch wirklich erreichen, eine dauerhafte Verbesserung für alle Betroffenen aber können sie nicht leisten.

Leisten kann das allein die Marktwirtschaft. Das Wohlergehen der Menschen in den Entwicklungsländern hinge dann nicht länger vom Wohlwollen ihrer Herrscher oder der Geberlaune der Industrieländer ab, sondern von ihrem Eigeninteresse und der »Unsichtbaren Hand«. Und diese beiden sind, wie wir wissen, sehr verlässlich. Was der Dritten Welt wirklich fehlt, ist eine funktionierende Marktwirtschaft. Sie ist die beste Entwicklungshilfe, die es gibt.

Es gilt zum Schluss, zwei Missverständnisse auszuräumen. Nummer eins lautet: Durch die Einführung der Marktwirtschaft würden die Entwicklungsländer politisch und wirtschaftlich bevormundet und ihnen unsere westliche Kultur und Lebensweise aufgezwungen. Dass es bei der Anpassung an die kapitalistische Industriegesellschaft erhebliche Probleme geben wird, steht außer Frage. Der Vorwurf der Bevormundung allerdings ist unsinnig. Wer an einem erfolgreichen Spiel teilnehmen und dessen Vorzüge in Anspruch nehmen will, muss auch die Spielregeln übernehmen, die das Spiel so erfolgreich machen. Er kann nicht für sich andere Regeln in Anspruch nehmen, denn dann funktioniert das Spiel nicht mehr.

Das zweite Missverständnis betrifft uns selbst. Die Tatsache, dass in den Entwicklungsländern die politischen Bedingungen für einen funktionierenden Kapitalismus fehlen, befreit die Industrieländer keineswegs von jeglicher Verantwortung. Wenn wir der Dritten Welt Marktwirtschaft verordnen und die Befolgung ihrer Regeln fordern, dann müssen wir dasselbe tun. Das aber tun wir nicht, jedenfalls nicht in ausreichendem Maße. So erwarten wir beispielsweise von den Entwicklungsländern, dass sie ihre Märkte für unsere Produkte öffnen, machen es ihnen umgekehrt aber häufig schwer, ihre Erzeugnisse bei uns anzubieten. Dabei wäre das der beste Weg, ihre Wirtschaft anzukurbeln und weiterzuentwickeln.

Der Kapitalismus ist der einzige Weg, die Armut in der Dritten Welt zu überwinden

III

Der Kapitalismus zerstört die Natur

Es besteht kein Zweifel. Wir sind dabei, die Grundlagen unseres Wohlstands, die Natur und ihre Ressourcen, ernsthaft zu gefährden. Trotz des Wissens darum und trotz aller Bemühungen, diesen Prozess aufzuhalten, holzen wir weiter die Urwälder ab, verschmutzen und überfischen weiter die Ozeane und verbrennen weiter exzessiv fossile Brennstoffe.

All das ist traurige Realität. Aber ist daran wirklich der Kapitalismus schuld? Wir werden sehen, dass er zwar nicht unbeteiligt, auf keinen Fall aber verantwortlich dafür ist. Wir werden außerdem sehen, dass der entscheidende Grund für die Zerstörung der Natur gerade im Fehlen marktwirtschaftlicher Strukturen liegt. Mit anderen Worten: Der Kapitalismus kann entscheidend dazu beitragen, die Natur zu schützen.

Bei aller berechtigten Sorge und Empörung sollten wir zunächst etwas richtigstellen. Verantwortlich für die Situation ist der Mensch, nicht der Kapitalismus. Der Mensch verursacht die genannten Probleme, indem er die Natur und ihre Ressourcen verbraucht. Er tut es, um sein Leben zu sichern und so angenehm wie möglich zu gestalten, und er bedient sich dafür verschiedener Hilfsmittel. Das wichtigste ist seine Intelligenz, also die Fähigkeit, Probleme zu lösen und seine Situation zu verbessern. Ein anderes Mittel ist die Technik, die mehr als alles andere die Lebensbedingungen des Menschen verbessert hat. Und nichts anderes ist auch der Kapitalismus, ein Instrument, dessen sich der Mensch zur Verbesserung seiner Lage bedient. Allerdings ein sehr effizientes.

Diese Effizienz des Kapitalismus beschert uns zwar all die bereits erwähnten Vorteile, sie wirkt sich aber eben auch bei der Zerstörung der Natur aus. Kritiker des Kapitalismus fordern daher immer wieder ein Wirtschaftssystem, das schonender mit unseren natürlichen Ressourcen umgeht.

Gehen wir auf diese Forderung etwas genauer ein. Die Vorstellung, dass ein nicht-kapitalistisches System die Umwelt weniger belaste, ist durch die Geschichte eindrucksvoll widerlegt worden. Die Umweltzerstörungen der sozialistischen Planwirtschaften haben alle bisherigen bei weitem übertroffen, und wir wissen auch warum. Es gab, anders als im Kapitalismus, keinen Marktmechanismus, der die Verschwendung von Ressourcen bestraft hätte.

Sinnvoller erscheint es daher, Lösungen innerhalb des kapitalistischen Systems zu suchen. Bevor wir dies tun, gilt es allerdings, eines klarzustellen. Wir verbrauchen und schädigen die Natur und schaffen dadurch Probleme, die in ihren Folgen zum Teil noch gar nicht absehbar sind. All das steht außer Frage. Dennoch kann es nicht ernsthaft darum gehen, auf jeden technischen und wirtschaftlichen Fortschritt zu verzichten. Die Folgen wären unsozial und unmenschlich, und auch die schärfsten Kritiker des Fortschritts wollen auf seine Errungenschaften wohl kaum verzichten.

Die Lösung kann also weder ein »Zurück zur Natur« noch ein wildes, uneingeschränktes Wachstum sein, sondern ein Mittelweg, also ein Wachstum, das eher qualitativ als quantitativ ausgerichtet ist und das wirtschaftliche, moralische und ökologische Gesichtspunkte berücksichtigt. Eine Aufgabe, die die Politik durch den Einsatz der richtigen Regeln lösen kann.

Betrachten wir die Ursachen der ungezügelten Umweltzerstörung etwas genauer. Umweltgüter, also Wasser, Luft, Klima oder bestimmte Rohstoffe, unterscheiden sich in einem Punkt von allen anderen. Sie sind sogenannte »öffentliche Güter«, das heißt, sie gehören niemandem, und niemand kann von ihrem Verbrauch ausgeschlossen werden. Anders als private Güter, wie etwa ein Auto oder ein Laptop, für die man einen Preis bezahlen muss, können öffentliche Güter quasi von jedem unbegrenzt konsumiert werden, ohne dass er dafür etwas aufwenden muss. Die Folge ist, dass alle, Private wie Unternehmen, die Umwelt verbrauchen und zwar in einer Weise, wie sie es nicht täten, wenn sie dafür etwas bezahlen müssten.

Das ist ihnen, um es gleich zu sagen, nicht vorzuwerfen. Sie verhalten sich den Regeln entsprechend, denn öffentliche Güter sind ja kostenlos. Daraus folgt aber: Solange die Umwelt keinen Preis hat, solange also derjenige, der sie verbraucht, dafür nichts aufwenden muss, wird sich die Umweltzerstörung logischerweise fortsetzen.

Für öffentliche Güter, und jetzt kommt der Kapitalismus ins Spiel, gibt es also keinen Markt und damit auch keine Preise, die die tatsächlichen Knappheitsverhältnisse widerspiegeln. Der Marktmechanismus, der bei privaten Gütern so ausgezeichnet funktioniert, kann hier also nicht wirksam werden. Er kann öffentliche Güter nicht effizient bewirtschaften, und das, obwohl auch sie durchaus knapp sind. Könnte er beispielsweise die Risiken und Kosten möglicher Klimaveränderungen erfassen und einbeziehen, so würde der Preis für fossile Energie deutlich höher liegen.

Damit kein Missverständnis entsteht. Dies ist, wie es viele gerne sehen, kein Fehler des Marktes oder des Kapitalismus. Der Markt ist ein Instrument zur Bewirtschaftung knapper Güter, für die sich am freien Markt Preise bilden. Dafür ist er geschaffen worden, und diese Aufgabe erfüllt er ziemlich gut. Aber: Private und öffentliche Güter sind unterschiedliche Dinge. Den Markt zu kritisieren, weil er öffentliche Güter nicht erfolgreich bewirtschaften kann, ist so, als würde man einem Metzger vorwerfen, keine ordentlichen Brötchen backen zu können.

Es ist also nicht der Marktmechanismus, der die Umwelt zerstört, sondern gerade sein Fehlen, genauer gesagt, seine Nichtanwendbarkeit für das öffentliche Gut »Natur«. Daraus ergeben sich zwei Möglichkeiten. Wir können die Umwelt durch Verbote oder strenge gesetzliche Auflagen zu schützen versuchen.

Wir können aber auch etwas Clevereres tun. Wir können den Mechanismus, der bei den privaten Gütern so gut funktioniert, auch bei denen der Natur einsetzen. Wir können dafür sorgen, dass auch Wasser und Luft als das behandelt werden, was sie sind: knappe Güter, für die man etwas bezahlen sollte. Wie? Indem wir einen solchen Markt künstlich schaffen und damit die Kraft und die Effizienz des Kapitalismus nutzbar machen für den Erhalt der Natur.

Wie könnte eine solche marktwirtschaftliche Umweltpolitik konkret aussehen? Einfach gesagt, indem man die Umweltgüter mit Preisen versieht. Die Unternehmen müssen für das Recht, eine bestimmte Menge an Schadstoffen auszustoßen, einen bestimmten Betrag bezahlen. Dadurch würde nicht nur ein sparsamerer Umgang mit den Ressourcen erreicht, die Kosten würden auch nicht länger von der Allgemeinheit getragen, sondern von demjenigen, der sie verursacht. Auf diese Weise werden die Unternehmen veranlasst, die gesamtgesellschaftlichen Kosten der Umweltnutzung in ihre Kalkulationen einzubeziehen.

Es gibt zwei Möglichkeiten, dies zu tun. Zum einen kann der Staat die Preise für die Nutzung bestimmter Umweltgüter festsetzen und sie in Form von Steuern und Abgaben kassieren. Der Staat tritt dann gewissermaßen als Eigentümer der Umwelt auf und verlangt für deren Nutzung oder Verbrauch einen bestimmten Preis.

Die zweite Möglichkeit ist interessanter, weil effizienter. Der Staat überträgt Eigentums- oder Nutzungsrechte an bestimmten Umweltgütern an die Unternehmen, und zwar in Form sogenannter Emissionsrechte. Ein Emissionsrecht ist das Recht, die Luft in einem bestimmten Umfang für die Aufnahme bestimmter Schadstoffe zu nutzen. Hierbei legt der Staat eine Obergrenze für den Schadstoffausstoß für jedes Unternehmen fest.

Eine solche Regelung hat interessante Konsequenzen. Unternehmen, die wenig Schadstoffe ausstoßen und so ihre

Rechte nicht ausschöpfen, können diese verkaufen, nämlich an andere Unternehmen, die mehr ausstoßen als ihnen eigentlich zusteht. Auf diese Weise entsteht ein Handel mit Emissionsrechten, bei dem sich die Preise, wie an jedem anderen Markt, über Angebot und Nachfrage ergeben. Die Umwelt, in diesem Fall die Qualität der Luft, wird so zu einem knappen und teuren Gut, mit dem die Unternehmen im eigenen Interesse sorgsam umgehen. Die Folgen sind klar. Um möglichst wenig oder gar keine Emissionsrechte mehr in Anspruch nehmen zu müssen, werden die Unternehmen alle Anstrengungen machen, schadstoffärmere oder sogar schadstofffreie Produktionsverfahren zu entwickeln.

Der Gedanke, der dahinter steht, ist ebenso klar wie alt. Bereits Aristoteles hatte erkannt, dass der beste Weg, öffentliches Eigentum zu schützen, seine Überführung in Privateigentum ist. Die Menschen gehen erfahrungsgemäß mit ihrem Eigentum sorgsamer um als mit dem anderer, erst recht, wenn es sich dabei um ein mehr oder weniger abstraktes Allgemeineigentum handelt. Der Anreiz, mit knappen Ressourcen sparsam und effizient umzugehen, ist für ihre Eigentümer ungleich größer als für alle anderen. Es ist der alte Trick des Kapitalismus, das Eigeninteresse Einzelner zum Wohl der Allgemeinheit einzusetzen. Wir sollten ihn anwenden.

Der Kapitalismus ist das beste Mittel, die Natur zu schützen

6
Globalisierung

Die Globalisierung erscheint vielen als die neue Geißel der Menschheit. Bei uns führt sie zu Lohnsenkungen und zur Vernichtung von Arbeitsplätzen, in den Entwicklungsländern zu Ausbeutung und weiterer Verarmung. Sie lässt einige immer reicher, die Mehrheit der Menschen aber immer ärmer werden. Und sie zwingt uns, unsere sozialen Standards auf das Niveau der Entwicklungsländer zurückzuschrauben.

Ein derartiges Katastrophenszenario hat mit der Wirklichkeit nur wenig zu tun. Das folgende Kapitel wird zeigen, dass die Globalisierung nicht nur ein ziemlich normaler Vorgang ist, sondern auch ein unverzichtbarer, wenn wir unseren Wohlstand erhalten und in den armen Ländern Wohlstand schaffen wollen. Dabei ist unbestritten, dass sie, zumindest in den Industrieländern, zu Belastungen führt, zum Teil sogar zu erheblichen. Diese müssen im Rahmen unserer sozialen Marktwirtschaft aufgefangen und gemildert werden. Weltweit aber und über einen längeren Zeitraum betrachtet, führt die Globalisierung zu einer deutlichen Besserstellung aller – der Menschen in den Industriestaaten, in den Schwellen-, vor allem aber in den Entwicklungsländern.

Kapitalismus – eine Liebeserklärung. Ulrich Chiwitt

ISBN: 978-3-527-50551-7

I

Die Globalisierung ist eine Katastrophe

Die Löhne sinken, Arbeitsplätze verschwinden, Firmen werden in die Pleite oder in Billiglohnländer gedrängt. Die Globalisierung zerstört unsere soziale Marktwirtschaft und entfacht weltweit einen gnadenlosen Kampf um Wohlstand, bei dem es letztlich nur Verlierer gibt.

Eine solche Beurteilung entspricht zwar nicht der Realität, erscheint aber verständlich, wenn man selbst betroffen ist. Wer gerade seinen Job verloren hat, ist mit einem solchen Urteil schnell bei der Hand. Bei aller Solidarität, was kümmert es einen, wenn es der Welt insgesamt besser geht, man selber aber gerade eine persönliche Katastrophe erlebt? Die eigene Situation überlagert verständlicherweise alles andere. Genau das macht es so schwierig, einzelne Schicksale von der allgemeinen Entwicklung zu trennen, besonders dann, wenn diese positiv ist. Aber, auch in einer boomenden Wirtschaft können einzelne Unternehmen pleitegehen, und auch bei sinkender Arbeitslosigkeit können Einzelne ihren Job verlieren.

Bevor wir auf die Kritik im Einzelnen eingehen, erscheint es sinnvoll, zu klären, wovon überhaupt die Rede ist. Globalisierung ist die zunehmende internationale Verflechtung der Wirtschaft, vorangetrieben vor allem durch die Entwicklung der Verkehrs- und Telekommunikationstechnologien. Immer mehr Länder treiben Handel miteinander, das heißt, sie exportieren ihre Produkte in andere Länder, eröffnen dort Verkaufsbüros oder bauen sogar eigene Fabriken. Im Gegenzug öffnen sie ihre Märkte für ausländische Waren und erlauben es fremden Unternehmen, in ihrem Land zu investieren.

Auch wenn der Begriff erst seit etwa zehn Jahren populär ist, das Phänomen selbst ist nicht neu. Globalisierung, also die Erweiterung von Handelsbeziehungen, findet statt, seit es Handel gibt. Man nannte es früher nur anders, nämlich Fernhandel. Und genau wie der Fernhandel, so erfolgt auch die Globalisierung nicht kontinuierlich und gleichmäßig, sondern in unregelmäßigen Schüben.

Der erste große Globalisierungsschub erfolgte im 12. Jahrhundert. Auch er brachte einschneidende wirtschaftliche, aber auch soziale und politische Veränderungen mit sich. In den Städten, den Zentren der mittelalterlichen Wirtschaft, sah man das Auftauchen fremder Kaufleute oder Waren zunächst mit großer Sorge, bedrohten diese doch die einheimischen Handwerker und Händler. Dennoch dauerte es nicht lange und die Städte begannen, trotz heftiger Proteste und schmerzlicher Veränderungen, sich dem Fernhandel zu öffnen. Warum? Weil man sehr schnell merkte, dass eine solche Öffnung letztlich allen zugutekam.

Nicht anders ist es heute. Die Globalisierung bringt ohne Zweifel viele Probleme mit sich. Sie führt, vor allem in den reichen Industrieländern, bei manchen zu wirtschaftlichem Abstieg und damit zu Unsicherheit, Stress und Unzufriedenheit. Aber sie verbessert den Lebensstandard der Menschen insgesamt, und zwar kontinuierlich und weltweit. Das tut sie seit langer Zeit, und das wird sie auch weiterhin tun.

Der Grund ist klar. Was für die Wirtschaft in den einzelnen Ländern gilt, gilt auch für die Weltwirtschaft. Der Kapitalismus ist ausgerichtet auf das Wohl der Konsumenten, also aller Menschen. Zu diesem Zweck setzt er die Produzentenseite, also die Unternehmen und ihre Mitarbeiter unter Konkurrenzdruck. Die Globalisierung verstärkt diesen Druck noch, denn der Markt wird insgesamt größer und damit auch die Zahl der Wettbewerber. So gesehen ist die Globalisierung also nichts anderes als eine Verschärfung des Wettbewerbs, ein im Wirtschaftsleben völlig normaler, ja sogar erwünschter Vorgang. Und genau wie in der einzelnen Volkswirtschaft wirkt sich dieser Wettbewerb auch in der Weltwirtschaft aus, nämlich in Form neuer, besserer und preiswerterer Produkte, für uns und für die Welt.

Die Globalisierung ist ein ziemlich normaler Vorgang

II

Die Globalisierung geht auf Kosten der armen Länder

Schauen wir uns die Auswirkungen der Globalisierung genauer an, vor allem die Standardkritik ihrer Gegner, sie lasse die reichen Länder immer reicher und die armen immer ärmer werden, sodass die ohnehin schon riesige Kluft zwischen beiden noch größer werde. Wir werden sehen, dass dieser Vorwurf weder theoretisch noch empirisch einer Überprüfung standhält.

Was geschieht, wenn sich ein armes Land im Zuge der Globalisierung aus seiner Isolierung löst und sich, im Rahmen seiner Möglichkeiten, am weltweiten Handel beteiligt? Aufgrund seines niedrigen Lohnniveaus kann es bestimmte Produkte preiswerter herstellen oder ausländischen Firmen günstigere Arbeitskräfte bieten als andere Länder. Hierin liegt die Chance für das betreffende Land, seine Situation zu verbessern. Hierin liegt aber auch der entscheidende Vorteil für alle. Nicht alle Länder produzieren alles selbst – Selbstversorgung ist eine Illusion, der Romantiker gerne anhängen –, sondern jedes Land macht das, was es im Vergleich zu den anderen am besten kann. Auf diese Weise können weltweit alle Güter und Dienstleistungen zu den jeweils günstigsten Preisen angeboten werden, zum Nutzen aller.

Das Prinzip ist keineswegs neu. Seine großartige Wirkung auf den allgemeinen Wohlstand wurde im 18. Jahrhundert zum ersten Mal erkannt – von Adam Smith. Man nennt es Arbeitsteilung, und so wie es in jedem Betrieb funktioniert, so tut es das auch in der globalen Wirtschaft. Die internationale Arbeitsteilung sorgt dafür, dass die geringeren Kosten in Form tieferer Preise an die Kunden weitergegeben werden und wir alle kürzer arbeiten müssen, um uns Waren, Dienstleistungen, Urlaub oder Freizeitangebote leisten zu können.

Stellen wir uns also vor, eine ausländische Firma errichtet in einem Entwicklungsland einen Betrieb, um dort etwas zu produzieren. Ein Arbeitsplatz dort ist zweifellos nicht das, was ein deutscher Facharbeiter hinsichtlich Bezahlung, Sicherheit, Sauberkeit oder Pausenregelung gewohnt ist. Er bedeutet aber für die dort Beschäftigten eine entscheidende Verbesserung ihrer Situation. Er macht nämlich den afrikanischen Viehhirten unabhängig von den Launen des Wetters oder denen seines Stammesführers. Er gibt der Tochter eines chinesischen Reisbauern die Möglichkeit, mit ihrer Arbeit in einer Spielzeugfabrik das kärgliche Auskommen ihrer Familie zu verbessern. Und er sorgt dafür, dass ein Landarbeiter in Vietnam nicht mehr zehn oder zwölf Stunden bei jedem Wetter auf dem Feld stehen muss, sondern sich Schuhe kaufen, mit dem Mofa zur Arbeit fahren und seine Kinder zur Schule statt zur Feldarbeit schicken kann.

Und das ist erst der Anfang. Zunächst entstehen weitere Fabriken, wobei immer öfter auch Einheimische ihre Chancen erkennen und sich selbstständig machen. Im Laufe der Zeit verbessern sich dann die Kenntnisse und Fähigkeiten der Menschen, sodass sich nach und nach auch höher entwickelte Wirtschaftszweige ansiedeln. Dadurch kommen nicht nur immer mehr Menschen in Lohn und Brot, es entsteht auch immer mehr Einkommen. Und das hat gleich zwei Vorteile. Zum einen schafft es, wenn es ausgegeben wird, seinerseits Einkommen für weitere Menschen, zum anderen versetzt es das Land in die Lage, dringend benötigte Produkte aus dem Ausland einzukaufen und damit das Leben der Menschen insgesamt weiter zu verbessern. Auf diese Weise kommt allmählich ein sich selbst tragender Wirtschaftskreislauf in Gang und mit ihm weiteres Wachstum und Wohlstand für immer mehr Menschen.

Dann geht es weiter. Mit den Steuern, die er von den Firmen erhält, kann der Staat die Infrastruktur des Landes verbessern. Es entstehen Schulen, Universitäten, Krankenhäuser, Straßen, Häfen und Telefonnetze. Die Menschen lernen mehr und holen Know-how in ihr Land, sie leben länger und gesünder, und sie verreisen vielleicht sogar. Wohlstand und Lebensstandard nehmen zu.

Und noch etwas geschieht. Nicht nur die wirtschaftliche Situation der Menschen verbessert sich, sondern auch ihre rechtliche. Arbeitnehmervertretungen entstehen und erkämpfen nicht nur höhere Löhne, sondern nach und nach auch immer mehr Rechte, zunächst nur für ihre Mitglieder, dann für die ganze Gesellschaft. Ausländische Unternehmen bringen ihrerseits die sozialen und rechtlichen Standards ihrer Heimatländer mit ins Land und tragen so ebenfalls dazu bei, dass sich ganz allmählich rechtsstaatliche und demokratische Strukturen entwickeln können.

All das geschieht natürlich langsam, aber es geschieht. Indien, China und die Tigerstaaten sind diesen Weg bereits gegangen, andere, wie einige Länder Südamerikas und Afrikas haben ihn erst vor Kurzem beschritten. Sie alle haben sich als arme Länder dem Weltmarkt geöffnet und sich mit dem, was sie am besten können, am internationalen Handel beteiligt. Sie haben ihre Rolle als angebliche Opfer des Kapitalismus aufgegeben und ihn stattdessen selbst eingeführt. Und sie haben dafür den Lohn erhalten, in Form von höherem Wachstum und steigendem Wohlstand.

In diesem Zusammenhang die schlechten Arbeitsbedingungen zu beklagen oder gar von Ausbeutung zu sprechen, ist nicht angebracht, um nicht zu sagen, dumm und verantwortungslos. Die Alternative für die dort Beschäftigten ist ja nicht bessere, sondern gar keine Arbeit. Würde man die Löhne erhöhen, so fiele ja gerade der Vorteil weg, den das Land im internationalen Wettbewerb besitzt. Sagen wir es noch deutlicher. Die Globalisierung zu kritisieren oder gar verhindern zu wollen, bedeutet nichts anderes, als den armen Ländern die Möglichkeit zu nehmen, sich aus ihrer Armut zu befreien. Denn genau das ist Globalisierung, die Chance für die Entwicklungsländer, die Vorteile, die sie besitzen, am Weltmarkt zu nutzen und zu Wohlstand zu gelangen.

Bezeichnenderweise ist solche Kritik auch nur aus den reichen Industriestaaten zu hören, niemals aber aus den betroffenen Ländern selbst. Die wissen es nämlich besser. 75 Prozent der Menschen in Schwarzafrika sind der Meinung, dass die Globalisierung und die Anwesenheit ausländischer Unternehmen positiv für sie und ihr Land seien. Wie steht es also mit der Behauptung von der Benachteiligung der armen Länder durch die Globalisierung? Sie ist schlichtweg falsch. Diejenigen unter den armen Ländern, die sich geöffnet und der Globalisierung angeschlossen haben, sind reicher geworden, zum Teil sehr viel reicher. Und sie haben, da sich ihre Einkommen und ihr Wohlstand schneller entwickeln als in den reichen Ländern, zugleich den Abstand zu diesen verringert. Mit anderen Worten: Globalisierung macht nicht nur die Armen reicher, sondern auch die Reichen ärmer, jedenfalls relativ, denn deren Wohlstand wächst nicht im gleichen Maße. Arm hingegen bleiben die, die sich weiterhin abschotten und der Globalisierung verschließen, wie die meisten Länder Afrikas. Sie verharren in ihrer Armut oder fallen sogar noch weiter zurück.

Dass die Armut durch die Globalisierung insgesamt gemindert wird und damit die Ungleichheit in der Welt abnimmt, zeigt nicht nur die Entwicklung Indiens oder Chinas. Während vor vierzig Jahren weltweit jeder Fünfte täglich mit einem Dollar oder noch weniger auskommen musste, so gilt dies heute nur noch für jeden Zwanzigsten. In absoluten Zahlen bedeutet das: Es gibt heute zwischen 300 und 500 Millionen weniger Arme auf der Welt als vor der Öffnung der Märkte. Die Vereinten Nationen haben in einer Studie festgestellt, dass die Armut in der Welt innerhalb der letzten 50 Jahre mehr abgenommen hat als in den 500 Jahren davor. Globalisierung macht also reicher, vor allem die Armen.

Die Globalisierung nützt vor allem den armen Ländern

III

Die Globalisierung führt zu mehr Ungleichheit

Aufgrund des größeren Wohlstandswachstums in den armen Ländern verringert sich, wie wir gerade gesehen haben, die Ungleichheit zwischen armen und reichen Ländern. Die Welt wird also insgesamt gleicher. Es gibt allerdings noch eine andere Art der Ungleichheit, nämlich die zwischen Arm und Reich innerhalb der Länder selbst, und zwar der armen wie der reichen.

Kehren wir noch einmal zurück zu unserem Entwicklungsland, in dem sich Wirtschaft, Wachstum und Wohlstand nach und nach entwickeln. Von den offenen Märkten und dem Wettbewerb profitieren zwar alle Bürger, aber nicht alle in gleichem Maße oder Tempo. Diejenigen, denen die Umstellung besser gelingt, werden erheblich reicher, diejenigen, die sich dabei schwerer tun, nur ein wenig. Die Ungleichheit im Lande nimmt also zu. Der Erfolg des Einzelnen hängt ja in der Marktwirtschaft von seiner Fähigkeit ab, die Bedürfnisse seiner Mitmenschen zu befriedigen. Da die Menschen sehr unterschiedliche Fähigkeiten haben, führt ein freier Markt zwangsläufig zu sehr ungleichen Einkommen. Wirtschaftliche Freiheit führt also automatisch zu Ungleichheit.

Diese Ungleichheit ist aber nicht etwa ungerecht, wie viele glauben, sondern erst die Voraussetzung dafür, dass überhaupt Wohlstand entstehen kann. Ohne Ungleichheit keine Entwicklung zum Besseren, sondern ein Verharren in der Armut. Ohne die Möglichkeit, die vielen unterschiedlichen Fähigkeiten der Menschen zur Entfaltung kommen zu lassen, keine Vielfalt, kein Fortschritt und kein Wachstum. Die zunehmende Ungleichheit ist also der Preis für den wachsenden Wohlstand aller. Hinzu kommt, dass die Ungleichheit zu Beginn einer Entwicklung zwar häufig zunimmt, sich im Laufe der Zeit aber durch das Entstehen einer Mittelschicht und eine entsprechende Sozialpolitik allmählich wieder verringert.

Kommen wir zu den reichen Ländern. Auch hier kann die Globalisierung die Ungleichheit vergrößern, vor allem in Zeiten großer technischer Innovationen. Deren Erfinder und Financiers werden nämlich, wie wir schon gehört haben, in Form hoher Einkommen belohnt. Die Ungleichheit, die auf diese Weise entsteht, ist aber, wie wir inzwischen ebenfalls wissen, wegen ihres großen Nutzens für die Allgemeinheit moralisch und sozial gerechtfertigt.

Die Ungleichheit innerhalb eines reichen Landes kann aber noch aus einem anderen Grund zunehmen. Diejenigen, die bisher durch mehr oder weniger geschlossene Märkte vor Konkurrenz geschützt waren, sind nun, nach deren Öffnung, dem internationalen Wettbewerb ausgesetzt. Dies sind bei uns vor allem Arbeitnehmer, die relativ einfache Arbeiten ausführen und deren Löhne, gemessen an der geringen Produktivität dieser Arbeit, eigentlich zu hoch sind. Diese Arbeitnehmer müssen nun mit Menschen konkurrieren, die dieselbe Arbeit tun, nur für viel weniger. Frust und das Gefühl, schlecht behandelt zu werden, sind die verständliche Folge. Während die Superreichen absahnen, verlieren sie ihre Jobs. Das schürt den Neid auf die Reichen und die Wut auf die Globalisierung.

Aber, so verständlich und so bedauerlich es für die Betroffenen auch ist, es ist Teil des normalen Strukturwandels, der in der Marktwirtschaft Tag für Tag stattfindet und der ja gerade ihren besonderen Erfolg ausmacht. Es ist die berühmte »schöpferische Zerstörung«, die alte, unproduktive Arbeitsplätze verschwinden lässt und neue, produktivere schafft und so unseren Wohlstand auch weiterhin sichert. Und das tut sie eben nicht nur in den einzelnen Volkswirtschaften, sondern auch global. Wir erleben also im Moment nichts anderes als einen weiteren Strukturwandel, wenn auch einen ziemlich großen und heftigen. Globalisierung ist weltweiter Strukturwandel. Aber, wie jeder Strukturwandel so wird auch dieser die Situation auf Dauer für alle verbessern.

Globalisierungskritik

Moralische Kritik an der Globalisierung ist angesichts der weltweiten sozialen Verbesserungen, die sie bewirkt, kaum verständlich und ihrerseits moralisch angreifbar. Sie ist nämlich in Wahrheit nichts anderes als eine Verteidigungsstrategie jener Mittelschichten in den reichen Industrieländern, die Sorge haben, im Wettbewerb mit den Entwicklungsländern ihre Einkommen nicht mehr halten können. Der Preis ihrer Arbeit fällt angesichts des weltweit wachsenden Angebots.

Globalisierungskritik ist also eine Strategie zur Wahrung von bestimmten Besitzständen innerhalb der reichen Länder. Gewerkschaften und linke Parteien schließen sich zusammen, um den armen Ländern unsere Sozialstandards nahezulegen. Dahinter steckt aber nicht die Sorge um das Wohl der Menschen dort, sondern der Wunsch, sie von unseren Märkten fernzuhalten. Das vermeintlich moralische Argument richtet sich gegen sich selbst, denn den Betroffenen wird dadurch nicht geholfen, sondern geschadet. Hohe soziale Standards verteuern die Produkte und Dienstleistungen der armen Länder und berauben sie damit ihrer Chancen am Weltmarkt.

Kritik an der Globalisierung ist also nichts anderes als Protektionismus im moralischen Gewand. Sie ist es, und nicht etwa Kapitalismus oder Globalisierung, die die armen Länder in ihrer Armut verharren lässt und damit die Ungleichheit erhält.

Erinnern wir uns. Genau hier lag die moralische Rechtfertigung der Ungleichheit, auch großer Ungleichheit. Sie ist dann gerechtfertigt, wenn die am unteren Ende der Gesellschaft Stehenden durch die Ungleichheit besser gestellt sind als in einer Gesellschaft, in der mehr Gleichheit herrscht.

Gegen die Globalisierung zu sein oder sie gar verhindern zu wollen, ist also ebenso falsch wie sinnlos. Genauso gut könnte man gegen Regenwetter oder die wechselnden Jahreszeiten sein. Den Strukturwandel kann keine Macht der Welt aufhalten. Wer es dennoch versucht oder zu lange an alten, lieb gewordenen Strukturen festhält, schadet sich selbst. Sich von der Welle mittragen zu lassen, ist oftmals klüger als dagegen anzuschwimmen.

Der Strukturwandel ist im Übrigen der eigentliche Grund für die Einführung unserer sozialen Sicherungssysteme. Sie sind nicht geschaffen worden, damit sich Menschen in ihnen häuslich einrichten, manchmal gleich über mehrere Generationen. Ihr Sinn besteht darin, die Betroffenen des Strukturwandels vorübergehend aufzufangen und möglichst schnell wieder ins Erwerbsleben zurückzubringen. Und das gilt nicht nur für Arbeitnehmer. Auch Unternehmer und Selbstständige sollen nach einem Misserfolg vor dem völligen gesellschaftlichen Absturz geschützt werden und die Möglichkeit zu einem Neustart erhalten.

Natürlich ist das nicht immer möglich, besonders nicht bei Menschen, die nur wenig qualifiziert sind. Da sie nicht von heute auf morgen zu Facharbeitern werden können, bleibt ihnen nur, sich mit weniger Lohn zufriedenzugeben oder arbeitslos zu werden, in jedem Fall ein gesellschaftlicher Abstieg. Es gibt hier nur eine Lösung: Bildung und Ausbildung. Wie jedes Land in der globalisierten Wirtschaft müssen auch wir das tun, was wir am besten können. Und am besten können wir technisch hochqualitative Produkte entwickeln und herstellen. Deshalb müssen wir möglichst vielen Menschen eine hoch qualifizierte Ausbildung ermöglichen und auf hochproduktiven Arbeitsplätzen eben diese Produkte herstellen. Anders ausgedrückt: Wir müssen Dinge produzieren, die kein anderer produzieren kann und die so gut und begehrt sind, dass die ganze Welt sie haben möchte. Dass wir das können, beweisen unsere Unternehmen seit Jahrzehnten.

Globalisierung führt also innerhalb der Länder gelegentlich zu mehr Ungleichheit, aber nicht zu Ungerechtigkeit. Sie ist kein Nullsummenspiel, bei dem einige etwas gewinnen, was andere verlieren. Globalisierung schafft zwar kurzfristig einige Verlierer, auf längere Sicht aber nur Gewinner.

Die Globalisierung führt zu mehr Wohlstand weltweit

IV

Die Globalisierung führt zu einem allgemeinen Sozialabbau

Wenn wir durch den weltweiten Wettbewerb in Konkurrenz mit Ländern treten müssen, die nur wenige oder gar keine sozialen Sicherungen kennen, dann können wir die soziale Marktwirtschaft vergessen. Dann lassen sich unsere sozialen Standards nicht länger aufrechterhalten, und wir müssen uns dem niedrigeren Niveau der anderen anpassen.

Müssen wir nicht. Und zwar aus mehreren Gründen. Zunächst hängt das Ausmaß der sozialen Sicherung grundsätzlich von der Produktivität der Arbeit ab, also davon, wie viel sich mit einer bestimmten Tätigkeit erwirtschaften lässt. Je höher die Produktivität einer Volkswirtschaft, desto höher auch die Sozialleistungen, die sie sich erlauben kann. Wenn es uns also gelingt, wie im vorigen Kapitel beschrieben, die hohe Produktivität unserer Wirtschaft zu erhalten, dann spricht nichts dagegen, dass wir auch unser soziales Sicherungsniveau grundsätzlich halten können.

Ein anderer Grund ist, dass soziale Sicherungssysteme keineswegs nur eine Belastung für die Wirtschaft sind. Das sind sie nur dann, wenn sie ein Ausmaß haben, bei dem keinerlei Anreize mehr bestehen, überhaupt noch etwas zu tun. Richtig dosiert sind sie hingegen ein Produktionsfaktor, der entscheidende ökonomische Vorteile bietet. Soziale Sicherungssysteme sind nämlich Investitionen, die die Produktivität erhöhen und damit den wirtschaftlichen Erfolg. Sie mindern, genau wie eine Versicherung, die allgemeinen Risiken des Wirtschaftslebens und ermutigen so den Einzelnen, risiko- und damit ertragreiche Unternehmungen und Investitionen durchzuführen, die er ohne Versicherung nicht wagen würde. Soziale Sicherheit ist also, mit den richtigen Anreizen versehen, ein wichtiger Faktor für Wachstum und Fortschritt.

Das gilt auch im internationalen Wettbewerb. Auch in den Entwicklungsländern nimmt mit wachsendem Wohlstand der Wunsch nach sozialer Sicherung zu. Entsprechend wachsen mit der steigenden Produktivität allmählich auch dort die sozialen Leistungen. Das geschieht nicht überall mit derselben Geschwindigkeit, und in manchen Ländern, zum Beispiel in China, ist dieser Prozess mit heftigen Auseinandersetzungen und Verteilungskämpfen verbunden. Aber er findet statt, und er wird den Menschen nach und nach mehr Freiheit, mehr Rechte und mehr soziale Sicherheit bringen. Mit anderen Worten: Nicht wir werden uns den Standards der Entwicklungsländer anpassen, sondern sie sich unseren.

Die Globalisierung lässt die sozialen Standards weltweit ansteigen

7
Der Mensch

Was ist der Mensch? Die Antworten auf diese grundlegendste aller Fragen sind ebenso zahlreich wie unterschiedlich. Sie reichen vom schlichten Geschöpf Gottes bis zu dessen Ebenbild, vom Wolf des Menschen bis zu seinem Bruder, vom reinen Naturwesen bis zum Bewohner geistig-metaphysischer Welten.

Auch die Wirtschaftswissenschaft hat ein Menschenbild. Es ist vergleichsweise zurückhaltend formuliert und dürfte die meisten überraschen. Für die Ökonomen ist der Mensch nämlich keineswegs ein Homo oeconomicus, also jener cool berechnende Egoist, der ohne Rücksicht auf andere durch die Welt poltert und nur seinen Vorteil sieht. Der Homo oeconomicus ist lediglich ein stark vereinfachtes Modell, mit dessen Hilfe die Wirtschaftswissenschafter ihre Theorien und Prognosen entwickeln und überprüfen.

Das Menschenbild der Wirtschaftswissenschaft sieht anders aus. Für sie ist der Mensch ein soziales Wesen mit bestimmten Bedürfnissen, Eigenschaften und Fähigkeiten. Er besitzt Vernunft, also die Fähigkeit, zu planen und abzuwägen, er orientiert sich bei seinem Verhalten gerne am Verhalten anderer, er hat dabei eine bestimmte Entscheidungsfreiheit, das heißt, er kann zwischen mehreren Möglichkeiten wählen, und er lässt sich in seinem Verhalten auch von moralischen Normen und Idealen leiten.

Ein ebenso bescheidenes wie realistisches Bild. Wir wollen in diesem letzten Kapitel prüfen, ob und inwieweit der Kapitalis-

Kapitalismus – eine Liebeserklärung. Ulrich Chiwitt

ISBN: 978-3-527-50551-7

mus unseren Bedürfnissen, Eigenschaften und Fähigkeiten entgegenkommt. Wir wollen sehen, ob das gängige Bild vom kalten und unmenschlichen Kapitalismus, der Gier und Materialismus fördert und die menschliche Solidarität zerstört, tatsächlich stimmt.

I

Der Kapitalismus ist kalt und unmenschlich

Der Markt ist seelenlos, grausam und unbarmherzig. Er unterwirft die Menschen seinen Bedingungen, er schürt den Konkurrenzkampf zwischen ihnen, und er zwingt sie, Verbindungen aus reinem Zweckdenken einzugehen, nach dem Motto: »Welchen Wert hat er für mich?« Nicht nur die wirtschaftlichen Strukturen, sondern auch die menschlichen Beziehungen sind der »schöpferischen Zerstörung« ausgesetzt. Der Kapitalismus ist daher zutiefst inhuman.

So falsch und diskreditierend diese Aussagen auch sind, sie erfüllen noch immer ihren Zweck. Nichts ist vernichtender als seinen Gegner sozialer Kälte oder fehlender Menschlichkeit zu bezichtigen. Wie erfolgreich diese Strategie nach wie vor ist, zeigt der überraschende Endspurt der SPD im Bundestagswahlkampf 2005. Gerade noch rechtzeitig verkündete nämlich Franz Müntefering: »Kapitalismus mag ich nicht.« Er traf damit die Gefühle und Ängste vieler Menschen und ließ gleichzeitig durchblicken, dass die SPD den kalten und unmenschlichen Raubtierkapitalismus an die Leine legen werde.

Dass solche Aussagen viele Menschen ansprechen, besonders wenn sie zu den weniger Begünstigten gehören, ist zwar verständlich, es macht sie deshalb aber nicht richtiger. Wenn, wie behauptet, die modernen kapitalistischen Demokratien tatsächlich kalt und unmenschlich sind und damit der Natur und den Bedürfnissen des Menschen widersprechen, dann drängen sich zwei Fragen auf: Warum entscheiden sich die Menschen, vor die Wahl gestellt, dennoch immer wieder für sie, und warum sind die sozialistischen Experimente, die doch gerade eine solidarische und menschliche Gesellschaft versprochen hatten, allesamt gescheitert?

Sehen wir uns die Kritik im Einzelnen an. Der Vorwurf, das menschliche Zusammenleben würde auf ein rein ökonomisches Zweckdenken reduziert, ist beim besten Willen nicht aufrechtzuerhalten. Der Kapitalismus hat vielmehr entscheidend dazu beigetragen, dass die Menschen ihre privaten und emotionalen Beziehungen von ihren wirtschaftlichen Interessen trennen konnten. In der vorkapitalistischen Zeit mit ihren geringen Alternativen und Aufstiegschancen war das Privatleben fast ausschließlich ökonomischen Zwecken und Zielen untergeordnet. Freundschaften und Beziehungen waren in erster Linie von wirtschaftlichen Notwendigkeiten bestimmt.

Das änderte sich mit dem Kapitalismus. Das Private wurde vom Wirtschaftlichen gelöst, die Gefühle sozusagen vom Geschäft getrennt. Die Familie wurde nach und nach von einer rein ökonomischen zu einer emotionalen Einheit. Das war ein großer Fortschritt, denn es reduzierte die Abhängigkeit der Menschen von ihrer sozialen Stellung. Die Wirtschaft, also der Austausch von Gütern und Leistungen, wurde durch den Kapitalismus auf eine sachliche und neutrale Ebene gestellt und damit von vielen persönlichen Abhängigkeiten, Zwängen und Ungerechtigkeiten befreit.

Erst der Kapitalismus erlaubte es dem Menschen, und zwar jedem Menschen, seine privaten Beziehungen nicht nur selbst zu wählen, sondern auch von Gefühlen statt von wirtschaftlichen Notwendigkeiten leiten zu lassen. Das Private, also Familie, Liebe, Freundschaft, konnte erst mit dem Kapitalismus wirklich privat werden und damit zu dem, was es heute ist, ein wichtiges Gegengewicht zum Wirtschaftsleben.

Der angeblich kalte und unmenschliche Kapitalismus hat also überaus warme und menschliche Seiten. Wohlstand, persönliche Freiheiten, Sicherheit vor Gewalt oder Willkür, all das bietet unendlich viele Möglichkeiten, sich den kalten und unmenschlichen Seiten des Lebens zu entziehen oder sich vor ihnen zu schützen. Zu keiner anderen Zeit und in keinem anderen System war es den Menschen möglich, ihr Leben so nach ihren Wünschen und Vorstellungen einzurichten wie in den modernen kapitalistischen Gesellschaften. Niemals zuvor konnten sie ihrem Bedürfnis nach Geborgenheit, menschlicher Nähe, Solidarität und Gemeinschaft so ungehindert nachkommen wie heute. Die »kalte« Logik des Marktes schafft offensichtlich mehr Wärme und Menschlichkeit als es alle Ethik oder Religion jemals vermochte.

Der Kapitalismus macht Menschlichkeit erst möglich

II

Im Kapitalismus zählt nur das Geld

... und der Mensch bleibt auf der Strecke. Umsatz, Profit, Rendite. Darum geht es, das ist der Sinn der Sache, darin bestehen die einzigen Ziele und Werte im Kapitalismus. Ihnen wird rücksichtslos alles andere untergeordnet, einschließlich des Menschen. Der Einzelne ist lediglich ein winziges und machtloses Rädchen in einem System, das sich längst verselbstständigt hat und nach eigenen Regeln und Gesetzen abläuft. Der Mensch jedenfalls spielt in ihm keine Rolle.

Dieser Vorwurf gegen den Kapitalismus ist zweifellos einer der populärsten, es macht ihn aber deshalb nicht richtiger. Noch einmal: Im Kapitalismus geht es darum, möglichst großen Wohlstand für möglichst viele Menschen zu schaffen. Darin liegt sein einziger Zweck, und darin liegt vor allem seine soziale und moralische Rechtfertigung. Kapitalismus sorgt nicht nur für Wohlstand, sondern auch für Freiheit, Individualität, Sicherheit und Frieden. Wenn also im Kapitalismus etwas zählt, dann ist es der Mensch. Was denn sonst? Kapitalismus ist kein Selbstzweck, sondern ein Mittel zum Zwecke des Menschen. Er ist nicht Diener irgendeines anonymen Kapitals, sondern ein System zum Wohle des Menschen. Nicht mehr und nicht weniger.

Wenn also, wie es natürlich immer wieder geschieht, das Gewinnstreben Einzelner dazu führt, dass sinnlose, schädliche oder gar gefährliche Produkte auf den Markt gelangen, so können wir dafür nicht den Markt verantwortlich machen. Wir entscheiden, welche Produkte und Leistungen wir haben wollen und welche nicht. Und wenn der freie Markt etwas hervorbringt, was wir nicht wollen, dann sind wir keiner bösen Macht ausgeliefert, sondern müssen es verhindern, und zwar durch klare Regeln, die festlegen, was erlaubt ist und was nicht.

Darüber kann es Streit geben, und wir müssen, wie in einer Demokratie üblich, darüber mehrheitlich entscheiden. Aber wegen einiger schlechter Produkte das ganze System in Frage zu stellen, ist genauso unsinnig, wie die Bundesliga abschaffen zu wollen, nur weil dort manchmal schlechte Spiele stattfinden.

Bleiben wir bei der Bedeutung und dem Wert des Menschen im Kapitalismus. Schon Aristoteles stellte fest, dass Werben nützlicher ist als Befehlen. Wer in der Marktwirtschaft etwas erreichen will, darf nicht fordern oder kommandieren, sondern muss seine Mitmenschen für sich gewinnen. Das heißt, er muss seine Kunden, seine Mitarbeiter und andere beteiligte Gruppen überzeugen. Nichts ist am Markt stärker als die Kraft des guten Arguments beziehungsweise der guten Qualität. Das bedeutet, dass der Einzelne, aufgrund seiner Stellung als Konsument, im Kapitalismus einen Wert und eine Bedeutung besitzt wie in keinem anderen System. Im Sozialismus wird er bevormundet und ignoriert, im Kapitalismus hingegen umworben und verführt. Eine Gesellschaft gilt im Allgemeinen dann als human, wenn sie den Einzelnen als Subjekt, nicht als Objekt behandelt. Im Kapitalismus funktioniert das ziemlich gut.

Aber, natürlich gibt es auch im Kapitalismus Zwänge und Risiken. Arbeitnehmer sind abhängig von Arbeitgebern, sie stehen unter Leistungsdruck und müssen unter Umständen sogar persönliche Katastrophen wie Entlassungen hinnehmen. Wie steht es angesichts dessen mit der Menschlichkeit und der Menschenwürde im Kapitalismus? Macht er den Menschen nicht doch zu einem Objekt, zu einem beliebig abrufbaren Gut, das den Launen des Marktes hilflos ausgeliefert ist?

Eine Antwort kennen wir bereits. Die Marktwirtschaft dient dem Wohl der Konsumenten, nicht der Produzenten. Sie schützt den Wettbewerb, aber nicht die Wettbewerber. Wer sich auf den Markt begibt, ob als Unternehmer oder als Arbeitnehmer, wird unter Konkurrenzdruck gesetzt. Aus gutem Grund, wie wir wissen, denn die Vorteile für den Einzelnen sind trotz dieser Belastungen und Zumutungen deutlich größer als die Nachteile. Mehr Wohlstand, Freiheit, Sicherheit und Selbstbestimmtheit. Der Kapitalismus trägt damit in hohem Maße zur Würde des Menschen bei.

Die zweite Antwort geben unsere Sozialgesetze, die Ausbeutung, Willkür und Ungerechtigkeit weitgehend verhindern. Sie räumen den Beschäftigten entsprechende Rechte ein, sie legen die Leistungsanforderungen an den Einzelnen klar fest, und sie fangen ihn im Falle des Arbeitsplatzverlustes auf und helfen ihm bei der Wiedereingliederung in die Arbeitswelt.

Die dritte Antwort schließlich lautet: Marx hat sich offensichtlich geirrt. Es ist nicht die Arbeit, die den Menschen abhängig und unfrei macht, ihn zum Objekt degradiert und ihn seiner Persönlichkeit und Menschenwürde beraubt, sondern die Arbeitslosigkeit. Auch wenn das Arbeitsleben oft alles andere als ein Pappenstiel ist, so zieht doch die große Mehrheit der Menschen ein Leben in Arbeit dem Nichtstun vor. Umfragen in den USA haben gezeigt, dass die meisten Menschen ihre Arbeit nicht nur mögen, sondern sich mit ihr mehr identifizieren als etwa mit dem Staat oder ihrer Gemeinde. Das Problem ist also, anders als Marx glaubte, nicht die Arbeit, sondern ihr Fehlen. Das Problem ist nicht die Ausbeutung der Menschen am Arbeitsplatz, sondern zu wenig Arbeitsplätze. Das Problem sind nicht die kapitalistischen Arbeitsbedingungen, sondern Arbeitslosigkeit. Sie ist es, die abhängig, ängstlich und unfrei macht und dem Menschen seine Würde nimmt – nicht der Kapitalismus.

Werfen wir noch einen kurzen Blick auf das Geld, um das es dem Kapitalismus ja angeblich vor allem geht. Wir sollten hier nicht Ursache und Wirkung verwechseln. Nicht dem Kapitalismus, uns geht es ums Geld. Dem Kapitalismus geht es um gar nichts. Er ist lediglich ein Instrument, dessen wir uns bedienen.

Er macht also das, was wir wollen, und wir wollen Wohlstand, Freiheit und Sicherheit, und natürlich auch Geld, denn Geld ist das Mittel, mit dem wir es uns ermöglichen können. Aber mehr auch nicht. Geld ist weder teuflisch noch unmoralisch, sondern nur eine verdammt praktische Erfindung, die unser Leben erheblich erleichtert und verbessert hat. Wenn jemand nur dem Geld nachjagt oder materiellen Reichtum zum einzigen Inhalt seines Lebens macht, so ist das ein bedauerlicher menschlicher Irrtum, aber nicht die Schuld des Geldes und auch nicht des Kapitalismus.

Wir sollten uns der kindischen Verachtung des Geldes, die uns vor allem Intellektuelle seit jeher einreden wollen, nicht anschließen. Ebenso wenig sollten wir uns als hilflose Opfer eines bösen Systems verstehen, das uns zwingt, das Geld anzubeten. Seien wir einfach ehrlich: Vor die Wahl gestellt zwischen Mehr oder Weniger, entscheiden wir uns für das Mehr, denn mehr Wohlstand ist besser als weniger. Mehr Freiheit, Sicherheit, Gesundheit oder Freizeit sind besser als weniger. Eine solche Einstellung ist weder materialistisch noch egoistisch oder unmoralisch, und sie ist auch keineswegs erst mit dem Kapitalismus in die Welt gelangt. Sie ist Ausdruck unseres Eigeninteresses, also unseres Wunsches, unsere Existenz zu sichern, unser Leben angenehmer zu machen und Anerkennung in der Gesellschaft zu erlangen. Darum geht es, und dafür müssen wir uns nicht schämen.

Geht es also im Kapitalismus wirklich nur um Geld? Der Nobelpreisträger für Wirtschaftswissenschaften, Amartya Sen, der wahrlich nicht im Verdacht steht, ein blinder Anhänger des Kapitalismus zu sein, bezweifelt das. Er sieht das Ziel und die Bedeutung des Kapitalismus nicht im Geld, sondern allein in der Freiheit. Für ihn entwickelt sich die Menschheit erst dann weiter, wenn die Unfreiheit beseitigt ist, also Despotie, Intoleranz und Armut. Sen kommt, trotz seiner teilweise kritischen Haltung zum Kapitalismus, zu dem eindeutigen Schluss: Der Kapitalismus macht frei – finanziell, politisch und seelisch. Er verwirklicht die universelle Idee der Freiheit.

Erst der Kapitalismus ermöglicht eine Gesellschaft, in der nicht nur das Geld zählt

III

Die Gier ist an allem schuld

»Ist die Wirtschaftselite vom Gier-Virus befallen?« »Wer stoppt die Gier der Manager?« »Vergiftet unsere Gier das ganze System?« Die Gier ist derzeit mal wieder in aller Munde, als populärer Schlagzeilenfüller, aber auch als Gegenstand seriöser Entrüstung. Wir haben im Kapitel über die Gerechtigkeit festgestellt, dass sehr hohe Einkommen nicht nur nicht ungerecht sind, sondern sogar notwendig, um gerade auch den weniger Begünstigten größtmögliche Vorteile zukommen zu lassen. Darin lag die moralische Rechtfertigung der Ungleichheit. Voraussetzung hierfür aber war natürlich immer, dass große Einkommen das Ergebnis ebenso großer Leistungen und Erfolge am Markt sind.

Wenn aber Wirtschaftsführer, genauer gesagt Manager, die bei ihren Unternehmen angestellt sind, Millioneneinkommen beziehen, obwohl die von ihnen geführten Unternehmen Milliardenverluste erleiden, dann ist das nicht nur schwer zu vermitteln, dann hat das auch mit Marktwirtschaft und Wettbewerb nicht mehr allzu viel zu tun. Es verletzt sogar das Grundprinzip des Kapitalismus, nach dem hohe Einkommen die Belohnung für gute und gesellschaftlich nützliche Leistungen sein sollen. Wer durch gute und preiswerte Produkte zum gesellschaftlichen Wohl beiträgt, soll dafür mit einem hohen Einkommen belohnt werden. Unternehmen, die Verluste erwirtschaften, tun genau das nicht. Sie tragen nicht zum allgemeinen Wohlstand bei, sondern mindern ihn sogar durch den unwirtschaftlichen Einsatz von Ressourcen.

Was aber treibt manche Manager, dennoch Gehälter, Bonuszahlungen oder Abfindungen in Millionenhöhe einzustreichen, obwohl es ihren Unternehmen schlechtgeht und sie ihre gesellschaftliche Pflicht in keiner Weise erfüllen? Ist es die Gier, fehlt es den Betreffenden also an Moral oder ist es das System Kapitalismus, das ihnen ein solches Handeln aufzwingt?

Sehen wir uns die Gier etwas genauer an. Unter Gier, übrigens eine der sieben Hauptsünden des Christentums, verstehen wir im Allgemeinen das übersteigerte, rücksichtslose und gegen andere gerichtete Streben nach materiellem Besitz, aber auch nach Macht und Anerkennung. Der Begriff ist also eindeutig negativ besetzt, und zwar in allen Kulturen. Gier ist die ungesunde, entartete Form des an sich guten und natürlichen Erwerbsstrebens des Menschen. Und damit beginnt das Problem. Was ist natürlich und was ist übersteigert? Wodurch unterscheidet sich das gesunde und der Allgemeinheit dienende Eigeninteresse Adam Smiths von der ungesunden und sozial schädlichen Gier?

Die Grenze ist schwer zu ziehen. Ein Kriterium könnte in der Tat die Rücksichtslosigkeit sein, also die Schädigung anderer. Wenn man sich aber vor Augen führt, dass ein Unternehmen mit der Einführung eines neuen und besseren Produkts seinen Konkurrenten ja durchaus schadet, und zwar bewusst und willentlich, erscheint dieses Kriterium fraglich. Außerdem bezeichnen wir einen Menschen ja auch dann als gierig, wenn er zwar anderen nicht schadet, aber dennoch nichts anderes im Sinn hat, als möglichst viel Reichtum anzuhäufen.

Die Gier beschränkt sich auch keineswegs auf die Bezieher hoher Einkommen. Wir finden sie überall, beim kleinen Angestellten ebenso wie beim Vorstandschef, beim Arbeitslosen ebenso wie beim Millionär. Nicht jeder, der es im Leben nicht zu Reichtum gebracht hat, ist deswegen frei von Gier, und natürlich ist nicht jeder Wohlhabende automatisch gierig, nur weil er wohlhabend ist.

Wie immer wir die Grenze ziehen und welchen Namen wir ihm auch immer geben, fest steht, dass der Drang nach mehr ganz offensichtlich zu unserer Natur gehört und dass wir ihm wahrscheinlich den großen Erfolg unserer Spezies verdanken.

Mit anderen Worten: Ohne dieses Streben wären wir vermutlich über das Stadium der Jäger und Sammler nicht hinausgekommen. Dafür spricht im Übrigen auch, dass es uns trotz aller Appelle, Ermahnungen und Drohungen bisher nicht gelungen ist, dieses Streben einzuschränken oder gar abzustellen.

Wieso aber kommt es immer wieder dazu, dass das gesunde Gewinnstreben in »kranke« Gier umschlägt? Ein Grund liegt schlichtweg darin, dass die Menschen unterschiedlich sind. Es gibt nun einmal moralisch kleine Zeitgenossen, denen jedes Maß und jede Sensibilität fehlt, und natürlich gibt es sie auch unter Managern. Ob sie innerhalb dieser Berufsgruppe überdurchschnittlich vertreten sind, ist allerdings fraglich, denn die Gier ist unter den Menschen vermutlich berufsunabhängig verteilt. Was die Manager hier möglicherweise von den meisten Menschen unterscheidet, ist der Umstand, dass sie einfach viel mehr Möglichkeiten haben und daher auch größeren Verlockungen ausgesetzt sind.

Wir sind damit bei dem Vorwurf, der Kapitalismus fördere die Gier, denn erst der freie Markt biete derart viele Möglichkeiten, reich zu werden. Dieser Vorwurf ist nicht völlig abwegig, denn diese Möglichkeiten bietet der Kapitalismus in der Tat. Aber, denken wir den Gedanken zu Ende: Natürlich hätten wir keine Finanzkrise, wenn es keinen Finanzmarkt gäbe. Natürlich gäbe es die Probleme, die ein freier Markt mit sich bringt, nicht, wenn es keinen freien Markt gäbe. Dafür aber hätten wir andere Probleme, Armut, Unfreiheit, Unsicherheit. Wollen wir also ernsthaft auf den Kapitalismus und seine Vorzüge verzichten, nur weil sich die Gier hier möglicherweise besser entfalten kann? Das wäre genauso unsinnig wie den Einsatz von Medikamenten in Frage zu stellen, nur weil es Medikamentenmissbrauch gibt.

Ein zweiter Grund, warum das normale Gewinnstreben in Gier umschlägt, sind fehlende oder schlechte Regeln. Wir erinnern uns: Wie gut oder unterhaltsam ein Spiel ist, hängt ganz entscheidend von den Regeln ab. Diese müssen so gestaltet sein, dass ein Spiel zustande kommt, von dem alle etwas haben. In unserem Fall heißt das: Die Regeln müssen dafür sorgen, dass die Gier keinen Schaden anrichten kann. Die Finanzkrise ist kein Beweis für die Unfähigkeit des Kapitalismus, sondern ein Beleg dafür, was geschieht, wenn ein Spiel ohne Regeln und ohne Schiedsrichter stattfindet. Nur dann können die Spieler nämlich ungestraft Foul spielen. Nur dann können Banken anderen Banken Finanzpakete andrehen, in denen faule Kredite versteckt sind. Nur dann können Investmentbanker Anlegern Papiere verkaufen, hinter denen gar keine realen Werte stehen.

Schließlich trägt noch etwas anderes dazu bei, dass in regelmäßigen Abständen die Gier ausbricht. Die Menschen haben nämlich in manchen Dingen ein kurzes Gedächtnis und lernen nicht aus der Geschichte. Sie vergessen immer wieder, dass nur am Anfang einer großen und umwälzenden Erfindung außergewöhnliche Renditen möglich sind, dass diese dann aber kontinuierlich abnehmen und im Durchschnitt nun einmal nicht mehr als acht Prozent erbringen. Dennoch lässt der anfängliche Boom die Renditehoffnungen immer größer werden und einen Rausch entstehen, in dem die Menschen gierig und leichtsinnig werden. Und wenn wir ehrlich sind: Ganz frei von solchen Verlockungen sind nur die wenigsten von uns.

Die Ursachen der Geldgier

Auch hohe Risiken halten Menschen bekanntlich nicht vom Zocken ab. Im Gegenteil, trotz Kursschwankungen und instabiler Finanzmärkte setzen sie ihr Vermögen an der Börse aufs Spiel. Was steckt hinter dieser scheinbar grenzenlosen Geldgier? Hirnforscher und Psychologen haben versucht, sich dem Phänomen zu nähern. Sie haben die neuronalen Wurzeln der Geldgier erforscht.

Ergebnis: Die Hoffnung auf ein Vermögen reizt Menschen offensichtlich viel mehr als der konkrete Besitz. In zahlreichen Versuchen reagierten die Teilnehmer besonders stark auf einen erwarteten finanziellen Gewinn. Geldbeträge hingegen, die sie bereits besaßen, hatten wesentlich geringere Effekte auf das Belohnungssystem im Gehirn, das für Glücksgefühle zuständig ist.

Ob Nervenkitzel, intuitive Lust oder der Reiz der Ungewissheit, die Aussicht auf einen Geldsegen ruft, trotz aller Risiken, offensichtlich ein deutlich größeres neuronales Feuerwerk hervor als vorhandenes Geld.

Gehen wir zum Abschluss noch einer interessanten Frage nach. Spätestens seit der Finanzkrise sind die Bußprediger dieser Welt unterwegs, um wieder einmal das Ende der Gier zu fordern. Statt der Jagd nach Geld, Prestige und Konsum müssten wir, so beispielsweise der Theologe Hans Küng, unseren Sinn für Maß und Bescheidenheit wieder neu entdecken. Das klingt wunderbar und dürfte allen Gutmenschen aus dem Herzen sprechen. Aber, was würde eigentlich geschehen, wenn die Menschen solchen Appellen tatsächlich folgen und auf viele entbehrliche Annehmlichkeiten verzichten würden? Wäre die Welt wirklich besser, wenn wir jeglichem Luxus entsagen würden?

Führen wir ein theoretisches Experiment durch. Was würde geschehen, wenn wir nur noch notwendige Güter herstellen und die Produktion unnötiger Luxusgüter untersagen würden? Ganz abgesehen davon, dass es unmöglich wäre, sich hier auf eine Abgrenzung zu einigen, wollen wir den Begriff »notwendige Güter« großzügig auslegen und dazu neben Nahrungsmitteln, Kleidung und Wohnungen auch Fahrzeuge, Computer, Zeitungen, Internetzugang und Handys zählen, aber auch ein Bildungssystem, eine medizinische Grundversorgung sowie Kanalisation und Elektrizität. Nicht dazu gehörten hingegen Luxusautos, Parfüm, teure Restaurants, Hochglanzmagazine, Urlaube auf den Malediven, Golfplätze, Opernhäuser, Diamantschmuck und mehr als dreißig Fernsehkanäle.

Was also würde geschehen, wenn wir uns in dieser Weise Maß und Bescheidenheit auferlegen würden? Die Antwort würde sogar die Bußprediger schockieren, denn nach kürzester Zeit würde es auch immer weniger notwendige Güter geben. Denn um diese herzustellen, braucht es viel weniger Arbeitskräfte als es Menschen gibt. Die große Mehrzahl von ihnen hätte also keine Arbeit und damit auch keine Einkünfte, sodass sie sich nicht einmal die notwendigen Güter leisten könnte. Mit dem Ausbleiben der Nachfrage würde logischerweise auch die Herstellung von notwendigen Gütern zurückgefahren, sodass die Menschen am Ende auch damit nicht mehr ausreichend versorgt wären.

Berufsmäßige Gutmenschen hätten jetzt natürlich eine Lösung parat, nämlich den Bedürftigen das Geld von den Reichen oder vom Staat zukommen lassen. Leider würde das nicht funktionieren. Es gäbe nämlich gar keine Reichen, und der Staat wäre pleite.

Seien wir also froh, dass den Verzichtsappellen zwar allgemeiner Beifall sicher ist, letztlich aber keiner auf sie hört. Die Konsequenzen wären nämlich nicht nur moralisch bedenklich, sie wären katastrophal. Es gäbe zwar keine Gier nach Designerklamotten mehr, dafür aber nach Brot. Es gäbe auch keine soziale Ungleichheit mehr, dafür aber Armut für alle.

Hören wir also auf, von einer besseren Welt zu träumen, in der wir alle bescheidener sind. Sie wäre nicht besser. Hören wir auf, das Ende der Gier zu fordern, damit es allen Menschen besser geht. Es ginge ihnen nicht besser. Ohne unser Streben nach Mehr, ohne unseren Wunsch nach einem immer besseren Leben, ohne die Gier vieler Menschen nach Reichtümern ginge es uns so schlecht, dass wir die Gier glatt erfinden müssten.

Der Kapitalismus nutzt die Gier zum Vorteil aller

IV

Im Kapitalismus geht es nur gegeneinander

Der Kapitalismus ist ein unsolidarisches System. Er beruht auf dem Grundsatz: Jeder gegen jeden. Ob Unternehmer oder Arbeitnehmer, im kapitalistischen Wettbewerb gilt es, besser zu sein als der andere, und der Erfolg des einen ist zugleich die Niederlage des anderen. Warum kann die Wirtschaft nicht auf kollegiale und gemeinschaftliche Weise organisiert werden? Eine Gruppe von Bergsteigern geht das Ziel doch auch gemeinsam an und nicht nach dem Motto, wer zuerst oben ist. Im Kapitalismus gelten weder Gemeinschaft noch Miteinander, sondern nur Konkurrenz und Gegeneinander. Damit zerstört der Kapitalismus jede Solidarität unter den Menschen.

Wir sind auf die besondere Bedeutung des Wettbewerbs bereits eingegangen. Er setzt denjenigen, der sich ihm stellt, in der Tat unter Leistungsdruck, er sorgt aber eben auch für all die großartigen Erfindungen und Leistungen, denen wir unseren heutigen Lebensstandard verdanken. Erinnern wir uns an den Bäcker in unserem Beispiel, der durch die Konkurrenz dazu gezwungen wurde, sein Angebot zu verbessern. Zum Wohle aller. Würden wir den Wettbewerb abschaffen oder auch nur einschränken, so ginge es uns allen sehr schnell sehr viel schlechter: ohne Wettbewerb weder Fortschritt noch Wohlstand, sondern Rückschritt und Armut.

Wir haben auch die Behauptung bereits widerlegt, im Kapitalismus kämpfe jeder gegen jeden und der Erfolg des einen sei zugleich der Misserfolg des anderen. Die Marktwirtschaft ist ja gerade kein Nullsummenspiel, bei dem einer etwas gewinnt, was ein anderer verliert, sondern eine Veranstaltung, bei der alle gewinnen. Wäre es anders, so hätten sich unser Wohlstand und unsere Lebensbedingungen seit dem Mittelalter nicht verändert.

Vor allem aber, und darum geht es in diesem Kapitel, bilden Wettbewerb und Miteinander keine Gegensätze. Die Tatsache, dass unser Wirtschaftssystem auf Wettbewerb beruht, schließt doch Zusammenarbeit und Gemeinschaft nicht aus. Im Gegenteil. Ohne Kooperation läuft im Wirtschaftsleben gar nichts. Dies gilt im modernen Kapitalismus mit seiner ausgefeilten Arbeitsteilung mehr denn je. Wie anders als durch Zusammenarbeit sollten wir die Anforderungen und Probleme der modernen Wirtschaft meistern?

Zwischen Unternehmen herrscht Konkurrenz, aber innerhalb der Unternehmen ist Zusammenarbeit angesagt. Arbeitnehmer konkurrieren um gute Arbeitsplätze, aber innerhalb der Firma wird zusammengearbeitet, im Interesse des Einzelnen wie des Unternehmens. Ohne Kooperation ist das unmöglich. Ohne die Zusammenarbeit mit Kollegen und Mitarbeitern, mit Kunden und Lieferanten, mit Behörden und manchmal sogar mit Konkurrenten funktioniert Marktwirtschaft nicht.

Der Markt beruht also nicht allein auf Wettbewerb, sondern ebenso auf Kooperation, Solidarität und Vertrauen. Ohne ein Mindestmaß an Miteinander und gegenseitigem Wohlwollen würde das Wirtschaftsleben zusammenbrechen, denn die meisten Geschäfte kämen erst gar nicht zustande. Wirtschaftliche Handlungen erfolgen grundsätzlich in der Erwartung, dass dabei weder Käufer noch Verkäufer den anderen betrügen wollen. Auch wenn das gelegentlich vorkommt, so gehen wir doch im Allgemeinen davon aus, dass uns unser Partner nicht übers Ohr hauen will, sondern dasselbe Interesse hat wie wir, nämlich etwas zu bekommen, der Käufer das Produkt, der Verkäufer den Kaufpreis. Dies gilt für den Kauf einer Currywurst genauso wie für den Bau eines Atomkraftwerkes.

Das bedeutet nicht, dass es keinen Betrug gibt oder dass misstrauische Menschen nicht ständig befürchten, betrogen zu werden. Es bedeutet aber, dass wir unsere Geschäftspartner, also Mitarbeiter, Lieferanten oder Kunden nicht als Gegner betrachten, die es zu besiegen gilt, sondern als Partner, von denen wir profitieren und mit denen wir auch weiterhin zusammenarbeiten wollen. Mit anderen Worten: Die kapitalistische Wirtschaft ist vom Grundsatz wie auch von der alltäglichen Praxis her kein Gegeneinander, sondern ein faires, wohlwollendes und solidarisches Miteinander.

Kehren wir noch einmal kurz zu Adam Smith zurück. Dort wird nämlich klar, wie grundlegend und fest der Gedanke der Solidarität im System der Marktwirtschaft angelegt ist. Sein Anliegen war es, die Armut der breiten Masse zu verringern. Sinn und Zweck des freien Marktes bestand darin, das Gemeinwohl zu fördern, nicht das Wohl Einzelner. Der Solidaritätsgedanke ist also bereits systematisch, das heißt, vom System her im Kapitalismus angelegt. Solidarität – und das war schließlich der Clou des Ganzen– wird nicht länger durch unsichere moralische Appelle an den Einzelnen herbeigeführt, sondern durch das System selbst. Sie ist fester Bestandteil der gesellschaftlichen Institutionen und der allgemeinen Regeln des Zusammenlebens.

Die Vertreter der sogenannten ordoliberalen Schule, die Vordenker und Gründer unserer sozialen Marktwirtschaft, brachten es auf den Punkt:

Der Kapitalismus ist das beste Mittel zur Verwirklichung der Solidarität aller Menschen

V

Der Kapitalismus schafft unsinnige Bedürfnisse und fördert den Materialismus

Der Kapitalismus redet uns Wünsche ein, die wir eigentlich gar nicht haben. Er schafft Bedürfnisse, die vorher gar nicht vorhanden waren und verführt uns, mithilfe der Werbung, Dinge zu kaufen, die wir gar nicht brauchen. Der Kapitalismus reduziert den Menschen auf ein reines Konsumwesen und fördert mit seinem Streben nach immer neuen Gütern den Materialismus.

Beginnen wir mit der Behauptung, der Kapitalismus schaffe überhaupt erst Bedürfnisse, um sie dann, natürlich mit Gewinn, befriedigen zu können. Mit diesem Vorwurf versuchten die 68er Studenten die Bundesbürger zu überreden, sich vom »Konsumterror« des Kapitalismus abzuwenden und nur noch »sinnvolle« Produkte zu kaufen. Zur großen Enttäuschung der Salonrevolutionäre nahmen die Bundesbürger diese Art von Terror aber gerne in Kauf. Sie ignorierten die Aufforderung zum Konsumverzicht nicht nur, sie besaßen sogar die Frechheit, immer mehr zu konsumieren, immer wohlhabender zu werden und sich einen Wohlstand zu erarbeiten, um den sie bald die ganze Welt beneidete.

Kann es dennoch sein, dass der Kapitalismus Bedürfnisse tatsächlich erst weckt, darunter auch solche, die wir lieber nicht wecken sollten? Reden die Unternehmen den Konsumenten Wünsche ein, die unsinnig, hässlich oder Schlimmeres sind, um sie dann mit entsprechenden Produkten zu befriedigen? Wäre ein solcher Preis für die wirtschaftliche Freiheit nicht zu hoch?

Die Gefahr, dass auf einem freien Markt auch sinnlose, schädliche oder gar gefährliche Produkte auftauchen, besteht in der Tat. Wo Freiheit herrscht, kann diese missbraucht werden. Wir müssen dabei aber Folgendes berücksichtigen. Bei den gefährlichen Produkten ist der Fall klar. Ihre Herstellung ist verboten, genauso wie ihr Verkauf. Unsere Gesetze legen eindeutig fest, was hergestellt werden darf und was nicht. Wenn dennoch etwa Waffen oder Kinderpornografie im Umlauf sind, so hat das weder mit dem freien Markt noch dem Kapitalismus zu tun, sondern allein mit kriminellem Verhalten.

Etwas schwieriger wird die Sache bei vermeintlich schädlichen Produkten. Videospiele, in denen Gewalt vorkommt, werden von den Experten nicht einheitlich als schädlich beurteilt. Wir müssen daher politisch, also im demokratischen Prozess, darüber entscheiden, was wir unseren Kindern erlauben wollen und was nicht. Auch hier gilt: Wir bestimmen, was produziert wird, nicht der Kapitalismus.

Kommen wir zu den mehr oder weniger »unsinnigen« Produkten. Dass Güter und Dienstleistungen auf den Markt gelangen, deren Sinn oder Nutzen nur schwer erkennbar ist, steht außer Frage. Auch hier gebärt die Freiheit manchmal seltsame Kinder. Aber, sind wirklich die Unternehmen oder gar der Kapitalismus dafür verantwortlich? Ist es nicht vielmehr unser Wunsch nach Abwechslung und ständig neuen Reizen? Ist es nicht unser Nachahmungstrieb, der uns jede noch so verrückte Marotte irgendeines Stars imitieren lässt? Ist es nicht unser Prestigebedürfnis, das gelegentlich die bizarrsten Blüten treibt? Die Unternehmen produzieren das, was wir Konsumenten wollen, und wenn wir etwas nicht wollen, dann produzieren sie es auch nicht. Suchen wir also die Verantwortung bei uns statt beim Kapitalismus.

Natürlich können wir bestimmte Produkte als dumm oder unsinnig bezeichnen. Aber sie sind, ob es uns nun gefällt oder nicht, Ausdruck unserer menschlichen Natur, und zu dieser gehört das Erhabene und Wunderbare ebenso wie das Niedere und Abscheuliche. Wir mögen gute und schöne Dinge, aber wir mögen eben auch böse und schlechte. Kapitalismus bedeutet

Freiheit, das heißt, er bringt das hervor, was unserem menschlichen Wesen entspricht. Und das ist nicht immer nur schön. Dasselbe gilt im Übrigen auch für die Demokratie. Auch die politische Freiheit hat zuweilen Konsequenzen, die Zweifel an ihr wecken können.

Aber, so ein berechtigter Einwand, wir sind doch als Menschen unserer Natur nicht völlig ausgeliefert. Wir können und müssen doch versuchen, unsere guten Anlagen zu fördern und die schlechten zurückzudrängen. Richtig. Das können und müssen wir in der Tat, und wir haben im Laufe unserer Geschichte mithilfe von Erziehung, moralischen Regeln und Gesetzen in dieser Hinsicht auch schon beachtliche Fortschritte gemacht.

Wenn wir den Menschen aber auch ihre privaten Bedürfnisse, Interessen und Vorlieben vorschreiben wollen, aus Sorge, darunter könnten sich einige schlechte befinden, wird es schwierig. Es mithilfe von Erziehung zu versuchen, ist ein ebenso altes wie erfolgloses Unterfangen von Weltverbesserern, die die menschliche Natur entweder nicht kennen oder nicht wahrhaben wollen. Ob wir den Materialismus verurteilen oder nicht, er bestimmt unser Denken und Handeln in starkem Maße. Der Wunsch, materielle Dinge zu besitzen, und seien sie noch so dumm oder nutzlos, ist Teil unseres Wesens. Es dürfte daher schwierig, wenn nicht gar unmöglich sein, diese Neigung zurückzudrängen. Möglicherweise wäre es sogar noch nicht einmal besonders sinnvoll, denn wir verdanken ihr wahrscheinlich unser Überleben als Spezies.

Nicht weniger erfolglos dürfte der Versuch sein, die Menschen durch Regeln und Gesetze vom Konsum »unsinniger« Produkte abzuhalten. Um dies zu erreichen, müssten wir eine staatliche Behörde einrichten, die darüber entscheidet, welche Produkte für uns Konsumenten geeignet sind und welche nicht. Keine gute Idee, denn dieses Experiment kennen wir schon. Vor allem kennen wir seinen Ausgang: Willkür, Unfreiheit, Stillstand und Armut.

Unser Wohlstand und unsere Lebensqualität sind allein das Ergebnis der großen wirtschaftlichen Freiheit, die der Einzelne im Kapitalismus genießt. Dabei gibt es notwendigerweise auch unsinnige Produkte, denn Freiheit bedeutet Irrtum und Missbrauch. Aber es gibt eben auch all die notwendigen, nützlichen und einfach nur tollen Produkte, die uns das Leben leichter, angenehmer und schöner machen. Ohne die Freiheit gäbe es die meisten von ihnen nicht. Ohne das Risiko, auch schlechte Produkte herzustellen, keine Medikamente, kein Computer und keine Espressomaschine. Ist dieser Preis wirklich zu hoch?

»Unsinnige« Produkte sind der Preis für Freiheit und Wohlstand

VI

Im Kapitalismus steigen die Aktienkurse, wenn Menschen entlassen werden

Spätestens seit dem berühmten Presseauftritt der Deutschen Bank im Jahre 2005 hat dieser Satz Eingang in das allgemeine Halbwissen der Deutschen gefunden. Der Bank gelang damals ein wahres Meisterstück an Öffentlichkeitsarbeit, als sie gleichzeitig mit einem Milliardengewinn auch den Abbau von einigen Tausend Arbeitsplätzen ankündigte, mit der Folge, dass der Börsenkurs am nächsten Tag um knapp drei Prozent anstieg. Die Reaktion, nicht nur unter Kapitalismuskritikern, war heftig. Deutlicher, so die allgemeine Empörung, könne die Menschenverachtung des Kapitalismus ja wohl kaum zum Ausdruck kommen. Man feuert einfach ein paar Mitarbeiter, und schon steigen Börsenkurs und Gewinn.

Bereits eine einfache Überlegung zeigt, dass das nicht stimmen kann. Nach dieser Logik müssten ja die Kurse und Gewinne der Unternehmen umso höher sein, je weniger Mitarbeiter sie beschäftigen. Das aber ist kaum möglich, denn ohne Beschäftigte können Unternehmen bekanntlich gar nichts machen, weder Umsatz noch Gewinn. Bestimmend für den Aktienkurs ist also nicht die Anzahl der Mitarbeiter, sondern allein der Erfolg des Unternehmens, der aktuelle, vor allem aber der erwartete.

Erinnern wir uns an die Behauptung, dass Arbeitsplätze um jeden Preis erhalten werden müssten. Wir haben gesehen, dass der Erhalt von unnötigen oder unrentablen Arbeitsplätzen nicht nur für die Unternehmen unzumutbar ist, sondern auch der Allgemeinheit schadet, denn er verringert unseren Wohlstand. Unternehmen, um es noch einmal ganz deutlich zu sagen, bestimmen die Anzahl ihrer Beschäftigten allein danach, wie viele

Mitarbeiter sie für das, was sie tun, benötigen. Wonach sonst? Alles andere wäre dumm und unverantwortlich. Es würde die Existenz der Unternehmen bedrohen, und sie könnten ihre gesellschaftliche Aufgabe, die Menschen mit Gütern zu versorgen, nicht länger erfüllen.

Mit anderen Worten: Kein Unternehmen entlässt Mitarbeiter, die es braucht. Wenn Mitarbeiter entlassen werden, dann aus handfesten betrieblichen Gründen, etwa weil die Nachfrage zurückgeht, weil ein günstigeres Produktionsverfahren entwickelt wurde oder weil ein neuer Konkurrent dem Unternehmen Marktanteile abnimmt, aber nicht, um damit den Kurs in die Höhe zu treiben. Das würde übrigens auch nicht gelingen, denn die Börse lässt sich nicht täuschen. Sie ist in aller Regel so gut informiert, dass sie die Hintergründe kennt und auf solche Tricks nicht hereinfällt.

Die Börse belohnt also keine Entlassungen. Was sie belohnt, sind Bemühungen der Unternehmen, erfolgreich im Wettbewerb zu bestehen. Dazu gehört es unter anderem, Forschung zu betreiben, bessere Produkte zu entwickeln oder neue Märkte zu erschließen. Wenn dies nicht gelingt, und im Wettbewerb gelingt dies natürlich längst nicht immer, dann können zu solchen Bemühungen auch Entlassungen gehören. Genauer gesagt, dann müssen sie es sogar, da sonst unter Umständen das ganze Unternehmen gefährdet ist. In einem solchen Fall, und nur in einem solchen Fall, kann es geschehen, dass die Börse Entlassungen mit kurzfristigen Kurssteigerungen belohnt. Die Anleger sehen es als eine Bemühung des Unternehmens an, seine Probleme zu lösen.

Aber: Die Regel ist das nicht. Im Gegenteil. Die Regel ist, dass die Börse Entlassungsprogramme eben nicht mit Kurssteigerungen honoriert, zeigen sie doch, dass ein Unternehmen offensichtlich mit Schwierigkeiten zu kämpfen hat. Die Regel ist das, was auch dem gesunden Menschenverstand entspricht, dass nämlich die Ankündigung, Mitarbeiter einzustellen, von den Anlegern belohnt wird. Ein besseres Indiz für ein gesundes und erfolgreiches Unternehmen gibt es nämlich nicht.

Diese logischen Zusammenhänge werden auch durch die Realität bestätigt. Studien über den Zusammenhang zwischen der Ankündigung von Entlassungen und dem Börsenkurs haben gezeigt, dass die Kurse nach einer Ankündigung in wenigen Einzelfällen anstiegen, in der großen Mehrzahl der Fälle aber leicht fielen. Eigentlich keine Überraschung. Anlegern ist es egal, ob Mitarbeiter eingestellt oder entlassen werden. Anleger interessieren sich nur dafür, ob Unternehmen erfolgreich sind.

Im Kapitalismus steigen die Aktienkurse, wenn es den Unternehmen gut geht

VII

Der Kapitalismus widerspricht der menschlichen Natur

Wir werden uns hüten, uns in diesem letzten Kapitel näher mit der menschlichen Natur auseinanderzusetzen. An ihr zerbrechen sich bekanntlich die Philosophen seit mehr als zweitausend Jahren die Köpfe. Fest steht nur, dass sie nicht nur äußerst vielfältig und komplex ist, sondern auch höchst widersprüchlich, was die Sache noch schwieriger macht. Gerade diese Widersprüchlichkeit aber weist auf einen interessanten Aspekt des Kapitalismus hin.

Wir haben gesehen, dass der Kapitalismus unser Zusammenleben erleichtert und so entscheidend zur Solidarität unter den Menschen beiträgt. Genau diesen Aspekt wollen wir uns etwas genauer ansehen.

Der Mensch ist, wie Aristoteles es zutreffend nannte, ein »soziales Wesen«, das heißt, er lebt in Gemeinschaft mit anderen Menschen. Wir sind nicht nur auf den anderen angewiesen, wir sind auch, von einigen Ausnahmen abgesehen, grundsätzlich lieber in Gesellschaft als allein. Wir suchen Wärme und Geborgenheit, wir benötigen Hilfe und Schutz, und wir brauchen die Anerkennung und Solidarität unserer Mitmenschen. Mit anderen Worten: Wir sind Gemeinschaftswesen.

Aber wir haben auch eine andere Seite. Wir sind nämlich auch Individuen, also einzelne Persönlichkeiten mit jeweils eigenen Vorstellungen, Wünschen und Zielen. Wir sind zwar gerne mit anderen zusammen, wir wollen uns aber auch von ihnen unterscheiden. Wir brauchen zwar die Gemeinschaft und gehen in ihr auf, wir wollen aber auch klar machen, wer wir sind, nämlich kein anonymes Etwas in der Masse, sondern ein einmaliges Individuum mit Eigenschaften und Merkmalen, die uns von anderen abheben.

Wir haben also einerseits das Bedürfnis nach Gemeinsamkeit und Solidarität, wir besitzen andererseits aber auch Willen und Ehrgeiz. Zu unserer Natur gehört ganz offensichtlich auch der Wunsch, uns mit anderen zu messen und uns zu beweisen. Wir laufen als Kinder um die Wette, wir versuchen als Jugendliche, besser auszusehen oder sportlicher zu sein als unsere Klassenkameraden, und wir unternehmen große Anstrengungen, um im Beruf erfolgreicher zu sein als unsere Konkurrenten. Ganz zu schweigen von dem, was wir in Sachen Liebe unternehmen. Der Wunsch, besser zu sein als andere, ist offensichtlich ein wesentlicher Bestandteil unserer Natur.

Was hat das alles mit dem Kapitalismus zu tun? Ganz einfach. Der Kapitalismus kommt dieser Widersprüchlichkeit in unserem Wesen sehr entgegen. Er bietet unserem individuellen Streben nach Erfolg und Anerkennung den größtmöglichen Freiraum, und er schafft zugleich Verhältnisse, in denen wir unserem Bedürfnis nach Gemeinschaft und Solidarität nachgehen können. Er erlaubt dem Einzelnen, seinen Ehrgeiz nach Reichtum, Macht und Ruhm zu befriedigen, und schafft gleichzeitig so viel Wohlstand und Freiheit, dass sich jeder eine Nische für seine sozialen Bedürfnisse schaffen kann.

Der Kapitalismus verbindet also die beiden gegensätzlichen Seiten unserer Natur zum allgemeinen Vorteil. Noch besser: Er macht sich die Widersprüchlichkeit sogar zunutze. Er benutzt die eine Seite, um auch die andere möglich zu machen. Er kanalisiert unsere individuelle und egoistische Natur so, dass auch unsere soziale und solidarische zur Geltung kommen kann. Unsere Natur ist also im Kapitalismus, wie es scheint, ganz gut aufgehoben.

Im Kapitalismus kommen die unterschiedlichen Facetten der menschlichen Natur am besten zur Geltung

Schlussbetrachtung

Für den Kapitalismus gilt dasselbe, was Churchill einmal über die Demokratie sagte. Er ist das schlechteste aller Wirtschaftssysteme, abgesehen von allen anderen. Anders formuliert: Er ist alles andere als perfekt, aber besser als alles, was wir kennen.

Es ist unbestreitbar: Der Kapitalismus hat seine Tücken. Er ist mit Mühen und Anstrengungen verbunden, er birgt Gefahren und Risiken, er schafft ständig neue Probleme und Krisen, und er muss immer wieder überprüft und verbessert werden. Und wie an der Demokratie, so kann man auch an ihm gelegentlich verzweifeln.

Aber, wie die Demokratie so ist auch der Kapitalismus Ursache und Voraussetzung für all die Fortschritte und Errungenschaften, die unser Leben in den letzten zwei Jahrhunderten so grundlegend verbessert haben – und dies auch in Zukunft tun werden. Dies geschieht nicht immer reibungslos, es geschieht auch nicht überall in gleichem Tempo oder Ausmaß, und es treten auch immer wieder Rückschläge und Fehlentwicklungen auf. Aber es geschieht. Langsam, aber sicher. Unmerklich, aber stetig. Manchmal zum Nachteil Einzelner, aber immer zum Vorteil aller.

Legen wir also unsere Vorurteile und Antipathien ab. Lassen wir uns, wenn es um unseren Wohlstand, unsere Freiheit und unsere Sicherheit geht, nicht von Gefühlen, sondern von unserer Vernunft und unserem gesunden Menschenverstand leiten. Messen wir den Kapitalismus einfach an seinen Leistungen. Be-

Kapitalismus – eine Liebeserklärung. Ulrich Chiwitt

ISBN: 978-3-527-50551-7

trachten wir ihn ganz nüchtern und unvoreingenommen als das, was er ist, ein Wirtschaftssystem, das dafür sorgt, dass es uns verdammt gutgeht und wir in Verhältnissen leben, von denen die meisten Menschen nur träumen können.

Hören wir nicht auf Moralisten, Ideologen oder Zeitgenossen, die ihr Geld mit der Kritik am Kapitalismus verdienen. Sie sind keine guten Ratgeber, denn sie kochen nicht nur ihr Süppchen, sie predigen auch Wasser und saufen Wein. Sie beschimpfen den Kapitalismus und nehmen gleichzeitig seine Vorzüge nur allzu gerne in Anspruch.

Hören wir auf, den Kapitalismus zu verurteilen oder ihn gar abschaffen zu wollen. Das eine hat er nicht verdient, das andere sollten wir tunlichst vermeiden. Im Übrigen würde es uns auch nicht gelingen. Der Physiker und Kabarettist Vince Ebert formuliert es ebenso amüsant wie treffend: »Mit dem Kapitalismus ist es wie mit der Schwerkraft. Um sich ihr zu entziehen, müsste man diese Welt verlassen.« So ist es. Um ein besseres Wirtschaftssystem zu finden, müssten wir andere Menschen sein.

Wie die Gravitation so wird sich auch der Kapitalismus nicht abschaffen lassen, und zwar aus einem einfachen Grund. Er kommt unserer Natur, vor allem unserem Eigeninteresse in einem Maße entgegen wie kein anderes System. Hier liegt, neben seiner wohlstandschaffenden Kraft, der eigentliche Grund für seinen Erfolg. Und hier liegt zugleich der Grund für das Scheitern jener Systeme, die diesen eigeninteressierten Teil unserer Natur vernachlässigen oder ignorieren. Normen und Regeln, die gegen die wirtschaftlichen Interessen der Menschen verstoßen, lassen sich auf Dauer nicht durchsetzen.

Nutzen wir also den Kapitalismus. Kontrollieren wir ihn, überprüfen wir, ob er seine Aufgaben auch weiterhin erfüllt, und verbessern wir, wenn sich Fehlentwicklungen einstellen, seine Regeln, aber nutzen wir ihn. Schütten wir nicht das Kind mit dem Bade aus, sondern machen wir uns seine Vorzüge zunutze.

Und noch etwas. Erleichtern wir es ihm, diese Vorzüge auch weiterhin entfalten zu können. Pflegen und beschützen wir ihn und verteidigen wir ihn gegen ungerechtfertigte Angriffe. Nicht um seinetwillen, sondern in unserem Interesse. Seien wir einfach so zu ihm, wie er es zu uns ist. Sonst wendet er sich eines Tages von uns ab.

Literaturverzeichnis

Ackermann, Ulrike: *Eros der Freiheit. Plädoyer für eine radikale Aufklärung.* Stuttgart 2008.

Berger, Peter: *Die Kapitalistische Revolution. Fünfzig Leitsätze über Wohlstand, Gleichheit und Freiheit.* Wien, Edition Atelier im Wiener Journal 1992.

Bergmann, Gustav u.a.: *Macht Wohlstand glücklich?* Fundort: http://www.uni-siegen.de/ fb5/sysmk/download/gluecken. pdf. Abrufdatum: 22.05.2009

Bode, Thilo: »Die Grenzen des kapitalistischen Wachstums«. In: Alfred Herrhausen Gesellschaft für Internationalen Dialog (Hrsg.): *Der Kapitalismus im 21. Jahrhundert.* München/Zürich, 1999.

Doering, Detmar: »Die Anatomie des Antikapitalismus«. In: Ackermann, Ulrike (Hrsg.): *Welche Freiheit? Plädoyers für eine offene Gesellschaft.* Berlin 2007.

Ebert, Vince: »Was Kapitalismus mit Sex zu tun hat«. In: *Absatzwirtschaft*, Heft 8, 2009.

Faltin, Günter: *Kopf schlägt Kapital. Die ganz andere Art, ein Unternehmen zu gründen. Von der Lust, ein Entrepreneur zu sein.* München 2008.

Friedman, Milton: *Kapitalismus und Freiheit.* München/Zürich 2004.

Fukuyama, Francis: *Das Ende der Geschichte.* Wo stehen wir? München 1992.

Gillies, Peter: *Ist die Marktwirtschaft kalt?* Fundort: http://www.welt. de/ print-welt/article592174/Ist_ die_ Marktwirt-schaft_kalt.html. Abrufdatum: 21.03.2009

Grabka, Markus: *Ungleich, ungleicher, Deutschland.* Fundort: http://www.sueddeutsche.de/wirtschaft/965/314861/text/. Abrufdatum: 25.02.2009

Hank, Rainer: »Konvergenz oder Divergenz. Führt der globale Kapitalismus zu mehr Ungleichheit in der Welt?« In: *Merkur*, Deutsche Zeitschrift für europäisches Denken, Heft 9/10, 57. Jahrgang, Nr. 653/654. Stuttgart 2003.

Hank, Rainer (Hrsg.): *Was Sie schon immer über Wirtschaft wissen wollten.* Frankfurt am Main 2008.

Hayek, Friedrich von: *Der Weg zur Knechtschaft. Den Sozialisten aller Parteien.* Landsberg 1982.

Hayek, Friedrich von: *Recht, Gesetzgebung und Freiheit. Eine neue Darstellung der liberalen Prinzipien der Gerechtigkeit und politischen Ökonomie.* Landsberg 1986.

Heilbronner, Robert; Thurow, Lester: *Wirtschaft. Das sollte man wissen.* Frankfurt/New York 2004.

Kapitalismus – eine Liebeserklärung. Ulrich Chiwitt

ISBN: 978-3-527-50551-7

Hesse, Martin: *Das Ende der Wall-street.* Fundort: http://www.sueddeutsche.de/wirtschaft/sz-serie-kapitalismus-in-der-krise-der-ganz-banale-wahnsinn-1.384518. Abrufdatum: 09.06.2010

Heuser, Uwe Jean: *Ungleichheit ist nicht immer schlecht.* Fundort: http://www.zeit.de/2008/05/Gerechtigkeit-Essay. Abrufdatum: 26.02.2009

Hirschman, Albert: *Leidenschaften und Interessen. Politische Begründungen des Kapitalismus vor seinem Sieg.* Frankfurt am Main 1980.

Höning, Antje: *Die Gier und der Markt.* Fundort: http:// nachrichten.rp-online.de/article/politik/ Die-Gier-und-der-Markt/33519. Abrufdatum: 20.03.2009

Homann, Karl/Blome-Drees, Franz: *Wirtschafts- und Unternehmensethik.* Göttingen 1992.

Homann, Karl: »Marktversagen.« In: Enderle, Georges; Homann, Karl (Hrsg.): *Lexikon der Wirtschaftsethik.* Freiburg/Basel/Wien 1993.

Homann, Karl: »Wirtschaftsethik.« In: Enderle, Georges; Homann, Karl (Hrsg.): *Lexikon der Wirtschaftsethik.* Freiburg/Basel/Wien 1993.

Illinger, Patrick: *Der ganz banale Wahnsinn.* Fundort: http://www.sueddeutsche.de/wirtschaft/sz-serie-kapitalismus-in-der-krise-der-ganz-banale-wahnsinn-1.384518. Abrufdatum: 22.05.2009

Illouz, Eva: *Die Zukunft des Kapitalismus. Berechnung und Hingabe.* Fundort: http://www.zeit.de/ 2005/23/Kapitalismus. Abrufdatum: 22.03.2009

Keese, Christoph: *Rettet den Kapitalismus!* Hamburg 2004.

Keynes, John Maynard: *Allgemeine Theorie der Beschäftigung, des Zinses und des Geldes.* Berlin 1994.

König, Jens: *Deutschland ist ungerecht.* Fundort: http://www. taz.de/ index.php?id=start&art= 4629&src=MT&id=deutschland-artikel&cHash=c31ad40fce. Abrufdatum: 25.02. 2009

Kreye, Andrian: *Vom Zorn der Leistungsträger.* Fundort: http://www.sueddeutsche.de/ kultur/die-mentalitaet-der-krise-vom-zorn-der-leistungstraeger-1.42873. Abrufdatum: 22.05.2009

Krotz, Friedrich: *Der Kapitalismus ruiniert sich selbst.* Fundort: http://www.taz.de/1/zukunft/wirtschaft/artikel/1/der-kapitalismus-ruiniert-sich-selbst/. Abrufdatum: 06.06.10

Lachner, Robert: *Wohlstand, Zufriedenheit und Glück.* Fundort: http://bertjensen.info/wohlstand-zufriedenheit-und-glueck/. Abrufdatum: 06.02.2010

Le Ker, Heike: *Die Welt wird immer glücklicher.* Fundort: http://www.spiegel.de/ wissenschaft/mensch/0,1518, 563455,00.html. Abrufdatum: 06.06.2010

Marx, Reinhard: *Kapitalismus ist ein Ethikfresser!* Fundort: http://www.sueddeutsche.de/wirtschaft/erzbischof-marx-im-interview-kapitalismus-ist-ein-ethikfresser1.741216. Abrufdatum: 26.02.2009

Miegel, Meinhard: *Philosophie des Wohlstands – einführende Thesen. Rede anlässlich der Verleihung des Schader-Preises am 6. Dezember 2000.* Fundort: http://www. schader-stiftung.de/schader_stiftung/61.php. Abrufdatum: 26.09.2008

Niejahr, Elisabeth: *Gefühlte Gerechtigkeit.* Fundort: http://www.zeit.de/2008/03/Gerechtigkeit. Abrufdatum: 26.02.09

Nolte, Paul: *Abschied von der Gerechtigkeit.* Fundort: http://www.avenir-suisse.ch/content/artikel/2008/12/20_frankfurter_ allgemeine/ mainColumnParagraphs/0/articlePDF/081220_ frankfurter_allgemeine.pdf. Abrufdatum: 25.02.2009

Otte, Romanus: *Eine linke Tour gegen die Ärmsten und Schwächsten.* Fundort: http://www.welt.de/wams_print/article3086000/ Eine-linke-Tour-gegen-die-Aermsten-und-Schwaechsten.html. Abrufdatum: 22.05.2009

Piper, Nikolaus: *Willkommen in der Wirklichkeit. Wie Deutschland den Abstieg vermeiden kann,* München 2004.

Reich, Robert: *Superkapitalismus. Wie der Kapitalismus die Demokratie untergräbt?* Frankfurt/New York 2008.

Schmitt, Manfred: *Kapitalismus in der Krise.* Fundort: http://www. sueddeutsche.de/wirtschaft/164/339010/text/
Abrufdatum: 25.02.2009

Schulze, Gerhard: *Die Sünde. Das schöne Leben und seine Feinde.* München 2006.

Schwarz, Christopher: *Die Zukunft des Kapitalismus. Schwierige Liebe zum Geld.* Fundort: http://www.wiwo.de/unternehmer-maerkte/schwierige-liebe-zum-geld-381036/
Abrufdatum: 22.03.2009

Sinn, Hans-Werner: *Ist Deutschland noch zu retten?* München 2003.

Sixtus, Mario: »Was ist Wohlstand?« In: Becker, Cosima/Eckstein Anja u.a. (Hrsg.): *Volkswirtschaftslehre.* Troisdorf 2008.

Smith, Adam: *Theorie der ethischen Gefühle.* Herausgegeben von Walther Eckstein. Hamburg 2004.

Smith, Adam: *Der Wohlstand der Nationen. Eine Untersuchung seiner Natur und seiner Ursachen.* München 1993.

Steingart, Gabor: *Deutschland. Der Abstieg eines Superstars,* München/Zürich 2004.

Ulrich, Hans G.: »Solidarität«. In: Enderle, Georges; Homann, Karl (Hrsg.): *Lexikon der Wirtschaftsethik.* Freiburg/Basel/Wien 1993.

Veenhoven, Ruut: *World Database of Happiness. Continuous register of scientific research on subjective appreciation of life. Fundort: http:// worlddatabaseofhappiness.eur.nl/hap_nat/nat_fp.htm.* Abrufdatum: 02.06.2010

Watrin, Christian: »Marktwirtschaft«. In: Enderle, Georges; Homann, Karl (Hrsg.): *Lexikon der Wirtschaftsethik.* Freiburg/Basel/Wien 1993

Weede, Erich: *Frieden durch Kapitalismus. Eine Ergänzung und Alternative zum demokratischen Frieden.* Fundort: http://www. internationalepolitik.de/ip/archiv/ jahrgang2005/juli2005/ frieden-durch-kapitalismus-eine-erganzung-und-alternative-zum-demokratischen-frieden. html.
Abrufdatum: 22.11.2009

Weizsäcker, Christian von: »Der Grundgedanke heißt Freiheit. Über Kapitalismus und Demokratie«. In: *Merkur,* Deutsche Zeitschrift für europäisches Denken, Heft 9/10, 57. Jahrgang, Nr. 653/654. Stuttgart 2003.

Wiebe, Frank: *Der ungeliebte Kapitalismus.* Fundort: http://www. handelsblatt.com/politik/deutschland/der-unge-liebte-kapitalismus;1318454.
Abrufdatum: 22.05.2009

Wilson, James: *The Morality of Capitalism.* Fundort: http://www.cis.org. au/events/jbl/ifr_wilson.html.
Abrufdatum: 19.04.2009